儀禮復原研究叢刊

鄉射禮儀節簡釋

鄉飲酒禮儀節簡釋

中華書局印行

鄉射禮儀節簡釋

（施隆民著）

儀禮復原研究叢刊序

儀禮一書，爲我國先秦有關禮制、社會習俗，最重要而對於儀節敘述最詳盡的一部書。它是經儒家傳授，源流有自。其內容或不免雜有儒者的思想成分和主張；但是這類有關社會習俗、制度等等的著作，不可能毫無實事根據或歷史傳說，而全然憑空臆造。況且儒家是保存、傳授古代典籍的專家，由他們手中流傳下來的典籍，其中必然有一大部份是它以前，或當時的史實。因此，尤其在史闕有閒的今天，這部書不能不算是我國先秦禮俗史上最詳細的史料。可是因爲其儀節的繁複，文法的奇特，句讀的難讀，所以專門來研究它的人，愈來愈少。李濟博士有鑒於此，特倡導用復原實驗的方法，由東亞學會撥予專款，由臺灣大學中文系、考古系同學成立小組，從事集體研討。由臺靜農先生任召集人，由德成指導。

儀禮一書自鄭康成以來，注解者雖名家輩出，但囿於時代之關係，其所用之方法及資料，由今以觀，似乎尚覺方面過少。故此次之研究，各分專題，運用考古學、民俗學、古器物學，參互比較文獻上材料，以及歷代學者研究之心得，詳愼考證，納爲結論，然後將每一動作，以電影寫實的方法表達出來；使讀是書者，觀其文而參其行，可得事半功倍之效。

惟此種方法，爲我國研究古史第一次采用的方法，嘗試之作，疏陋在所難免。影片除另製作外，茲將專題報告，各印成書，集爲叢刊，以備影片參考之需。指導者既感學植之翦陋；執筆者或亦覺其學之難以濟志。尙希海內通儒達人，不吝教之，幸甚！幸甚！

最後對於李濟博士提倡學術之意，致崇敬之忱；幷致最深誠摯之謝意。

孔德成序

中華民國五十八年十二月十八日

目錄

第一章　飲射前事

第一節　戒賓

鄉射之禮。

鄭目錄云：「州長，春秋以禮會民而射於州序之禮。謂之鄉者，州、鄉之屬。鄉大夫或在焉，不改其禮。射禮於五禮屬嘉禮。大戴十一，小戴及別錄皆第五。」

張爾岐云：「據注，此州長射禮，而云鄉射者，周禮五州爲鄉，一鄉管五州，鄉大夫或宅居一州之內，來臨此射禮。又鄉大夫大比，興賢能訖，而以鄉射之禮，五物詢衆庶，亦行此禮，故名鄉射禮也。」

吳廷華云：「此當兼鄉大夫州長之射言，注疏各舉其一耳。州、鄉之屬，故亦曰鄉。」

按：鄉飲酒禮疏曰：「鄉射，州長春秋習射於州序，先行鄉飲酒，亦謂之鄉飲酒。」所以敖繼公曰：「鄉射者，士與其鄉之士大夫會聚於學宮飲酒而習射也。此與上篇（卽指鄉飲酒禮）大同小異，惟多射一節耳，亦飲酒而但以射言者，主於射也。」

至於此一鄉射禮進行之程序，張爾岐云：「案此射禮，先與賓飲酒，如鄉飲酒之儀，及立司正，將旅酬乃暫止，不旅而射，射已，更旅酬坐燕，並如鄉飲，凡賓至之前，賓退之後，其儀節並不殊也。」

主人戒賓。賓出迎。再拜。主人答再拜。乃請。

鄭注云：「主人，州長也。鄉大夫若在焉，則稱鄉大夫也。」張爾岐云：「注云鄉大夫若在則稱鄉大夫者，謂鄉大夫來臨此禮，則州長戒賓之時，不自稱，而稱鄉大夫以戒之也。賓以州中處士賢者爲之，若大夫來爲遵，則易以公士。」記云：「大夫與，則公士爲賓。」又云：「使能，不宿戒。」注云：「能者敏於事，不待宿戒而習之。」

又特牲禮宿賓云：「賓如主人服，出門左，西面再拜，主人東面答再拜。」可知賓與主人服飾相同，而賓出門所站位置在門左、西面。主人位置在門右，東面。至於主人與賓所着服裝爲何種款式，據此鄉射禮速賓鄭注云：「戒時玄端。」則主人與賓皆着玄端無疑。惟速賓經文云：「主人朝服乃速賓，賓朝服出迎。」而戒賓不言，遂有各家不同之解說，此於儀禮正義疏載之極詳，不贅述。

按：主人着玄端至賓處，將告賓以鄉射之事。賓亦着玄端出門站在左邊，面向西迎接主人，行再拜禮。主人在門右，面向東答以再拜禮。然後請賓參與鄉射之事。

賓禮辭。許。主人再拜。賓答再拜。主人退。賓送。再拜。

鄭注：「退還射宮，省錄射事。」

按：主人請賓之後，賓做禮貌上之推辭，然後答應。於是主人行再拜禮，賓亦答以再拜禮。主人乃退。賓禮送主人，復行再拜禮。

無介。

鄭注云：「雖先飲酒，主於射也。其序賓之禮略。」

方苞云：「謂略於序賓，則賓長三人皆得受獻，而獨略於介，何義乎？謂難與合耦，則大夫雖衆，皆與士爲耦，介必學士之越其曹者，乃不得儕於羣士而與大夫耦乎？蓋大射鄉射公食大夫燕禮皆有賓無介，有介者獨鄉飲酒耳。五州之中，德行道藝相次比者必有數人，故立賓及介，而介之禮亞於賓，俾衆賓觀感而益自矜奮焉。若州長習射，則立賓以與主人行禮而倡衆耦足矣，無所用介。鄉射無介則黨正之正齒位可知，大射燕禮則有位者皆在列，賢者衆多，不可以賓介盡之。公食大夫則異國之臣，惟正客當此盛禮，而介不與禮，以義起各有所當耳。」按：此說可備一解。

第二節　陳　設

乃席賓。南面。東上。

鄭注：「不言於戶牖之間者，此射於序。」

張爾岐云：「鄉飲酒於庠，庠有室，故言於戶牖之間。此射於序，序無室，無戶牖可言，約其席處，亦當戶牖也。」

按：主人戒賓之後，退還射宮，省錄射事。射事，先有飲賓之事，故於堂上布席。布賓席約當戶牖之間，南面以東為上。關於布席，及升席、降席、坐席，張光裕君士昏禮儀節簡釋敍之甚詳，從略。

衆賓之席。繼而西。

蔡德晉云：「衆賓之席以次相繼而西，皆南向當西房之外也。」

胡肇昕曰：「經言繼而西，言衆賓之席皆在賓之西相繼而西，非謂衆賓與賓席相連屬也。鄉飲言衆賓之席不屬，此言繼而西，互為詳略，非有異也。」

席主人於阼階上。西面。

按：主人之席，據韋協夢云：「主人席當東序，則西面北上。」此布主人席於東階上，當東序而西面北上。

又記云：「西序之席北上。」案鄉飲有介席當西序與主人席對。此鄉射無介，則此西序之席，張爾岐以為「要之為地狹不容者擬設耳。」張惠言亦曰：「記云：西序之席北上。疏謂大夫多，尊東不受，則於尊西，賓近於西，則三賓東面。案賓位不可移，當如大射小卿之位在賓西，衆賓繼而西，故有西序之席。」故胡肇昕云：「西序雖無介席，而衆賓多，則亦席於西序，但不得與主人對席耳。」

尊於賓席之東。兩壺。斯禁。左玄酒。皆加勺。篚在其南。東肆。

鄭注：「斯禁，禁切地無足者也。設尊者北面。西曰左，尚之也。肆，陳也。」

張爾岐云：「兩壺，酒與玄酒。篚以貯爵觶，尊南東向陳之，首在西。」

按：此與鄉飲陳設同。設尊者北面，於賓席之東設兩壺，皆以禁承之。右邊爲酒，左邊爲玄酒，二壺皆有勺，壺上用綌蓋上。（記云：「尊，綌冪，賓至，徹之。」）並置篚於尊南，東向而設，篚首在西。此處言「尊於賓席之東」，其位置南北當賓席無疑。而其東西則當房戶之間，據鄉飲陳設云：「尊兩壺於房戶間。」可知。盛世佐云：「此不言房戶間而言賓席之東者，容或有射於序者，無房戶可言也。賓席隨地而移，故依之以見設席之處，且與前互備，此古人立言之法。」

設洗於阼階東南。南北以堂深。東西當東榮。水在洗東。篚在洗西。南肆。

按：此言設洗於阼階之東南，其位置南北以堂之深度，東西正當東榮之位。在洗東面置水，西面置篚，篚南向而設。

縣於洗東北。西面。

鄭注云：「縣於東方，辟射位也。」

按：此言設樂縣於洗之東北，面向西。乃辟射位之故。而此處之「縣」，鄭注云：「謂磬也……但縣磬者，半天子之士，無鍾。」實有誤解之處。曾永義君儀禮樂器考（中國東亞學術研究計劃委員會年報第六期）曾就樂縣制度考辨甚詳，其於鄉射禮樂縣之擬測，以爲其中「包括有編磬一肆，編鐘一肆（其鐘、磬當無專名，因爲大合樂的場面金、石、絲、竹同音，彼此無所專協。）其附帶之鎛、建鼓、鼙、鼗當亦如大射備之。（鄉射以樂節射，謂『不鼓不釋……大師曰：奏騶虞，間若一。』知其必有鼓、鎛。」按此可試擬一樂縣布置圖如右：（詳見儀禮樂器考：樂縣考）

附圖一

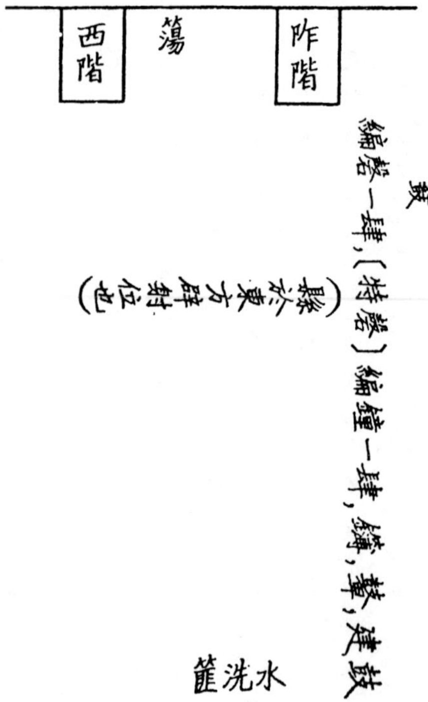

乃張侯。下綱不及地。武。

鄭注云：「侯，謂所射布也。綱，持舌繩也。武，迹也。中人之迹，尺二寸。侯象人，綱即其足也。是以取數焉。」

張爾岐云：「侯制，有中，有躬，有舌，有綱，有縜。中，其身也。方一丈。倍中以為躬。中之上下橫接一幅。各二丈，謂之躬。倍躬為左右舌。用布四丈。接於躬上。左右各出一丈，為舌。下舌半上舌。用布三丈接躬下，左右各出五尺也。」又云：「其持舌之繩，謂之綱，維其綱於餘者，又謂之縜。上下各有綱，下綱去地之節，則尺二寸。」

記云：「鄉侯，上个五尋。中十尺。侯道五十弓，弓二寸，以為侯中。」鄭注云：「上个，為最上幅也。八尺曰尋，上幅用布四丈。」又云：「每弓取二寸，以為侯中之數，故中十尺也。」

記又云：「倍中以為躬。倍躬以為左右舌。下舌半上舌。」鄭注云：「躬，身也，謂中之上下幅也。用布各二丈。」又云：「半者，半其出於躬者也。用布三丈。」

周禮考工記梓人云：「梓人為侯，廣與崇方，參分其廣，而鵠居一焉。上兩个與其身三，下兩个半之。上綱與下綱出舌尋，縜寸焉。」

鄭注又云：「凡鄉侯，用布十六丈。」

按：鄉侯，上个四丈，下个三丈，躬四丈，中五丈（鄭注「今官布，幅廣二尺二寸，旁削一寸。」張爾岐云：「廣，崇皆十尺，布幅廣二尺，故用布五丈。」）計用布十六丈。今按上述形制，畫一侯圖如下：

附圖二

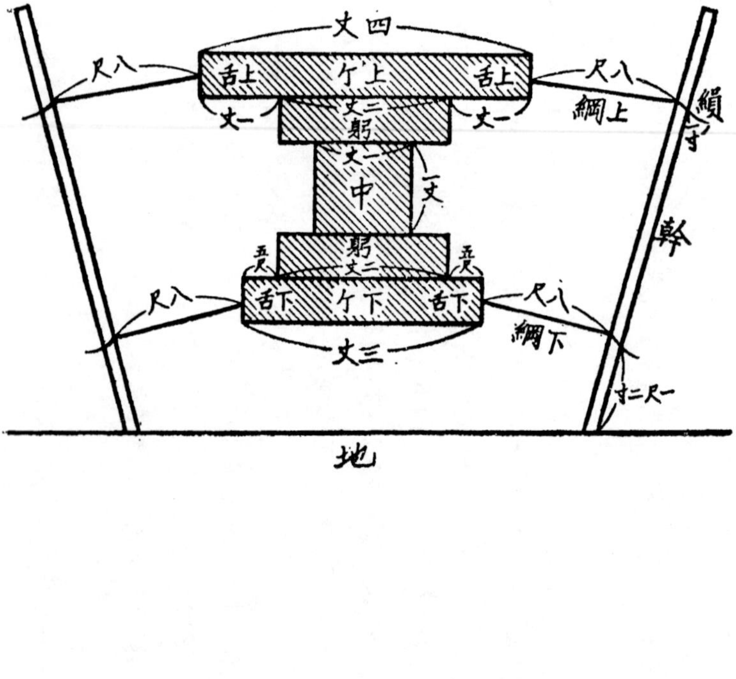
四丈
八尺
上舌
上个
上舌
八尺
縜
寸
上綱
一丈
二丈
躬
一丈
一丈
一丈
中
一丈
幹
五尺
躬
五尺
二丈
八尺
下舌
下个
下舌
八尺
下綱
三丈
一尺二寸
地

記又云：「凡侯。天子熊侯，白質。諸侯麋侯，赤質。大夫布侯，畫以虎豹，士布侯，畫以鹿豕。凡畫者，丹質。」鄭注云：「此所謂獸侯也。燕射則張之。鄉射及賓射，當張采侯二正。而記此者，天子諸侯之燕射，各以其鄉射之禮而張此侯，則經獸侯是也，由是云焉。白質、赤質，皆謂采其地，其地不采者，白布也。熊麋虎豹鹿豕。皆正面畫其頭象於正鵠之處耳。君畫一、臣畫二，陽奇陰耦之數也。燕射射熊虎豹，不忘上下相犯，射麋鹿豕，志在君臣相養，其畫之，皆毛物之。」又云：「賓射之侯，燕射之侯，皆畫雲氣於側以爲飾，必先以丹采其地，丹淺於赤。」張爾岐云：「侯制有三，大射、賓射、燕射。大射之侯用皮，王三等，虎熊豹。諸侯二等，熊豹。卿大夫用麋，所謂棲皮之鵠。梓人云：『張皮侯而棲鵠，則春以功。』是也。賓射之侯用布畫以爲正。王五正，中朱、次白，次蒼，次黃，而玄在外。諸侯三正，損玄黃。大夫士二正，去白蒼，畫朱綠。所謂畫布曰正。梓人云：『張五采之侯，則遠國屬。』是也。燕射之侯，畫獸以象正鵠，此記所言是也。梓人亦云：『張獸侯以息燕也。』此鄉射當張采侯，二正。而記燕射之侯者，以燕射亦用鄉射之禮，但張侯爲異耳。」賈疏云：「據大射之侯，若賓射之侯，則三分其侯，正居一焉。若燕射之侯，則獸居一焉。故之象其正鵠之處。」據此，則侯制及張侯之意可知矣。

不繫左下綱。中掩束之。

鄭注：「事未至也。」張爾岐云：「侯向堂爲面，以西爲左，射事未至，故且不繫左下綱，並綱與舌向東掩束之，待司馬命張侯，乃脫束繫綱也。」

乏。參侯道。居侯黨之一。西五步。

鄭注云：「容，謂之乏，所以爲獲者御矢也。侯道五十步。此之去侯，北十丈，西三丈。」

張爾岐云：「乏狀類曲屏，以革爲之。唱獲者於此容身，故謂之容。矢力不及，故謂之乏。黨，旁也。三分侯道而居旁之一，偏西者五步，此設乏之節也。侯道五十步，步六尺，計三十丈，乏居三之一，西五步，故云北十丈，西三丈。必於此者，取可察中否，唱獲聲達堂上也。」

按：據此，當知侯之設，去堂三十丈。乏在侯之西三丈，北十丈也。

第三節　速　賓

羹定。

鄭注：「肉謂之羹，定，猶熟也。謂狗熟可食。」

記云：「其牲，狗也。亨于堂東北。」

主人朝服。乃速賓。賓朝服出迎。再拜。主人答再拜。退。賓送再拜。

鄭注云：「速，召也。射賓輕也，戒時玄端。今郡國行此鄉射禮，皮弁服，與禮爲異。」

鄉飲酒禮記：朝服而謀賓戒。鄭注云：「朝服，冠玄端，緇帶，素韠，白屨。」

按：主人於羹熟之後，乃着朝服前往召賓，賓亦着朝服，出門左，迎接主人，西面再拜。主人在門右，東面，亦答以再拜禮，然後告退，賓送主人，再拜。

賓，及衆賓遂從之。

正義曰：「敖氏云：主人既退，衆賓乃至於賓之門，而與之皆行也。云「遂」者雖相去有間，而事則實相接也。」

鄉飲酒速賓迎賓拜至云：「賓及衆賓皆從之。」張爾岐云：「主人速賓而還，賓及衆賓後面隨之，非同行相隨也。」

附圖三

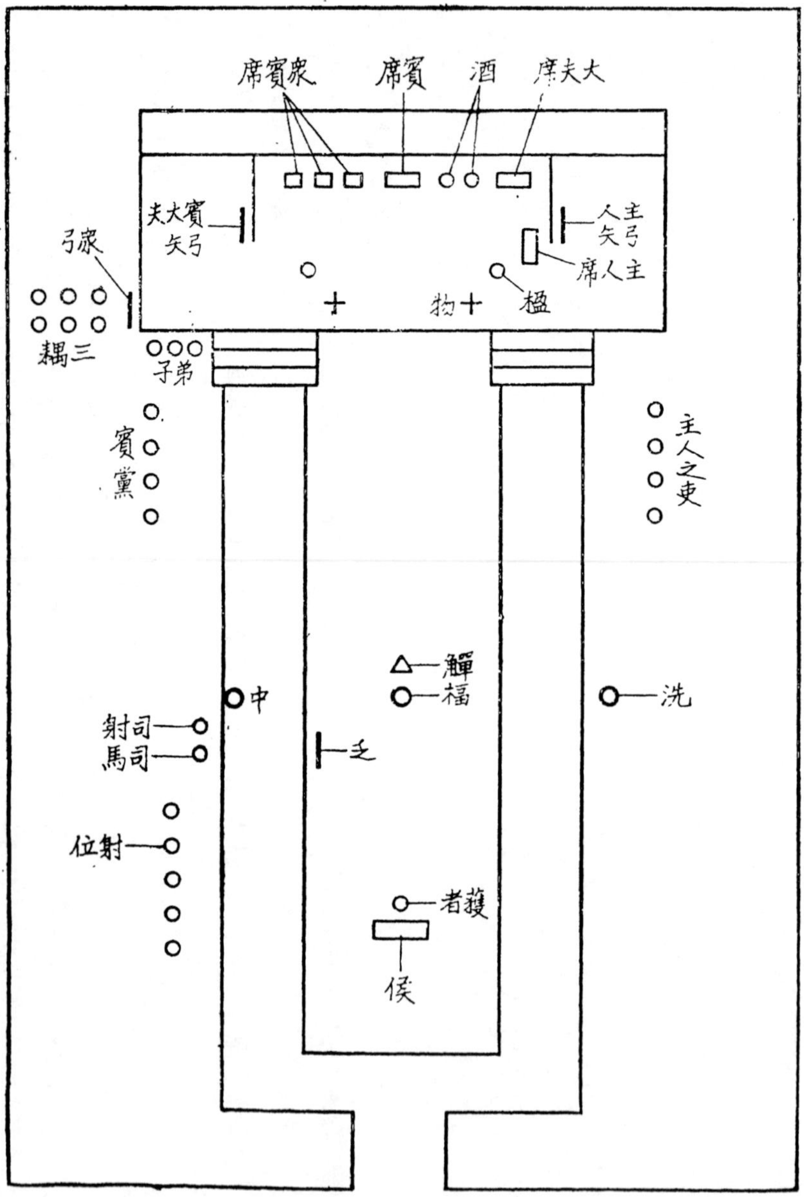

第二章　獻飲之事

第一節　迎賓拜至

按：此鄉射禮飲賓之事，自迎賓拜至迄一人舉觶，大抵與鄉飲酒禮同，其詳細考證可參考吳宏一君鄉飲酒禮儀節研究。今只簡述其儀節進行之程序與有關之情形。遇有不同於鄉飲酒禮者，當詳加解說。

及門。主人一相。出迎于門外。再拜。賓答再拜。

鄭注：「相，主人家臣，擯贊傳命者。」

士冠禮：「主人迎，出門左，西面再拜，賓答拜。」

按：此言賓與衆賓至射宮，到了門前，主人偕一相者，出門立於門左，面向西迎接賓與衆賓，行再拜禮。賓及衆賓立於門右東面，亦答以再拜禮。據少儀「贊幣自左，詔辭自右」當知相者在主人左邊。又鄉飲賈疏云：「賓介衆賓在門外，位以北爲上，主人與賓正東西相當，則介與衆賓差在南，東面。」可知衆賓之位在賓之南，東面，以北爲上。

揖衆賓。

按：鄉飲賈疏云：「主人正西面拜賓，則側身向西南拜介揖衆賓。」

主人以賓揖。先入。

鄭注：「以，猶與也。先入，入門右，西面。」

賓厭衆賓。衆賓皆入門左。東西北上。

按：主人與賓作揖之後，主人先入，站於門右西面。然後賓厭衆賓，而入門站於門左東面。衆賓則一一相厭而入門，站於門左東面，以北爲上。

賓少進。主人以賓三揖。皆行。及階。

士冠禮鄭注：「入門將右曲揖，將北曲揖，當碑揖。」此之謂三揖。

賈疏：「言皆行者，賓主既行，衆賓亦行。」

鄉飲酒禮張爾岐句讀云：「主人與賓三揖至階，介與衆賓亦相隨至西階下。」

按：衆賓入門左，東面之後，賓稍進前，然後與主人前行，三揖至於階前。此時衆賓亦行至西階西南之位，東面，以北爲上。

三讓。主人升一等。賓升。

曲禮：「主人與客讓登，主人先登，客從之。拾級聚足，連步以上。上於東階則先右足，上於西階則先左足。」

按：主人與賓分別到了東，西階之前。經過三讓之後，主人先登一等，賓隨之登一等，如此三升至於堂上。

主人阼階上。當楣北面再拜。賓西階上。當楣北面答再拜。

鄭注：「主人拜賓至此堂。」

按：主人上了阼階，站在當楣之位，北面再拜。賓亦在西階上當楣之位，北面回答主人，行再拜之禮。

第二節　主人獻賓

主人坐取爵于上篚。以降。賓降。

按：主人由阼階上行至篚前，北面，坐下來取爵。然後降至阼階下，面向西。（由底下經文「主人阼階前西面坐奠爵」可知）而賓亦從主人而降於西階前東面。（據賓酢主人經文云：「賓西階前東面坐奠爵。」可知）

主人阼階前西面坐奠爵。興。辭降。賓對。

按：主人於阼階前西面坐下來奠爵，然後站起來，辭謝賓之降階，賓西階前東面答謝。至於賓主對答之辭則不得而聞。

主人坐取爵。興。適洗。南面坐奠爵于篚下。盥洗。

鄉飲張爾岐句讀云：「篚下，當篚之下，非於篚也。盥洗者，盥訖，取爵擬洗，亦非謂盥已洗也。下文因賓辭，復置爵而對，對已，乃復取爵成洗。」

賓進。東北面辭洗。主人坐奠爵于篚。興對。賓反位。

鄭注：「必進者，方辭洗，宜違位也。言東北面，則位南於洗矣。」又云：「反從降之位也，鄉飲酒曰：當西序東面。」

按：主人至洗處，南面坐奠爵於篚下，盥訖，取爵擬洗之時，賓則往南而行，至洗南位置，然後轉過來面向東北，辭謝主人洗爵之禮。主人則坐下將爵奠於篚裏，站起來面向西南而對答，於是賓再北行，反於本來西階下東面之位。

主人卒洗。

鄉飲酒禮主人獻賓：「主人坐取爵，沃洗者西北面。」鄭注云：「沃洗者，主人之羣吏。」

按：賓反位之後，主人坐取爵於篚，沃洗者在洗東，西北面執器灌沃。主人洗爵以後則反位，經文省略。

壹揖。壹讓。以賓升。賓西階上北面拜洗。主人阼階上北面奠爵。遂答拜。

鄉飲酒主人獻賓張爾岐句讀云：「因事曰遂，言遂拜者，主人坐奠爵，因不起而遂拜也。」

按：主人卒洗之後，反阼階下西面之位，與賓相對壹揖，壹讓而相隨升堂。賓在西階上北面拜謝主人洗爵，主人在阼階上北面坐奠爵，並答以拜禮。

乃降。賓降。主人辭降。賓對。主人卒盥。壹揖壹讓升。

按：此主人降盥，賓降，主賓相辭對，揖讓而升之。禮如前。

賓升。西階上疑立。

鄭注：「疑，止也，有矜莊之色。」

按：主賓升堂之後，皆北面而立。

主人坐取爵。實之。賓席之前西北面獻賓。

按：賓於西階上北面疑立，主人則北面坐取爵，然後到賓席之東，置尊之處，北面實酒。再走到賓席之前，面向西北，將獻酒於賓。

賓西階上北面拜。主人少退。賓進。受爵於席前。復位。

按：賓於西階上北面拜謝，則主人稍退，賓乃前進至賓席之前，北面接受主人獻爵。賓主並反位。

主人阼階上拜送爵。賓少退。

按：主人反阼階上北面之位，乃行拜送爵之禮。而賓則稍微退後一下。以示謙遜。

薦脯醢。

鄉飲酒鄭注云：「薦，進也。進之者，主人有司。」張爾岐云：「薦之席前。」

記云：「薦，脯用籩，五膱。祭半膱。橫于上。醢以豆，出自東房，膱長尺二寸。」鄭注：「膱，猶脡也。」

賓升席。自西方。

鄭注：「賓升降由下也。」

乃設折俎。

鄭注：「牲體枝解節折，以實俎也。」

記云：「俎由東壁，自西階升。賓俎、脊、脅、肩、肺。主人俎、脊脅、臂、肺。肺皆離，皆右體也。進腠。」鄭注云：「狗既亨，載于東方。」又云：「腠，膚理也。進理，謂前其本也。」（按其義謂進者以本之一端面向被進者而設俎。）「若有尊者，則俎其餘體也。」張爾岐云：「尊者當作遵者，經云大夫若有遵者，此所指正大夫也。餘體，謂臑，若膊，若胳也。」

主人阼階東疑立。賓坐。左執爵。右祭脯醢。

士昏禮禮使者鄭注云：「凡祭，於脯醢之豆間。」

按：主人疑立于阼階上北面。賓自西方升席之後，則面向南而立。既設折俎，賓乃坐，左手執爵，右手取脯擩醢而祭于籩豆之間。

奠爵于薦西。興取肺。坐絕祭。尚左手。嚌之。

鄭注云：「卻左手執本，右手絕末以祭也。肺離，上為本，下為末。」又云：「嚌，嘗也。右手在下，絕以授口嘗之。」

按：賓祭脯醢之後，將爵奠於脯醢之西。然後站起來，自俎取肺，再坐下，卻左手執肺本，以右手絕末而祭。接着，以右手由下絕肺末而授口嘗之。

興。加于俎。坐挩手。執爵。遂祭酒。

鄉飲酒主人獻賓張爾岐句讀云：「坐以帨巾拭手，遂執爵祭酒。」

按：賓嘗過肺末之後，則站起來將餘肺置于俎上，再坐下以帨拭手，然後拿起奠于薦西的爵，行祭酒之禮。

興。席末坐。啐酒。

鄭注：「啐，嘗也。」

張爾岐云：「席末，謂席之尾，祭薦，祭酒，嚌肺皆於席中。唯啐酒於席末。」

按：此於席末坐啐酒，亦當南面。

降席。坐。奠爵。拜。告旨。執爵興。主人阼階上答拜。

按：賓由席西而降，在席西面向南坐下，奠爵而拜，告訴主人說：旨酒。然後拿着爵站起來。

主人在阼階上北面答拜。

賓西階上北面坐。卒爵。興。坐奠爵。遂拜。執爵興。主人阼階上答拜。

按：賓於是回到西階上北面，坐下將酒飲盡，而後站起來，再坐下奠爵，並且行一拜禮，才拿着爵站起來，此時主人則在阼階上北面答以拜禮。

第三節　賓酢主人

賓以虛爵降。主人降。賓西階前東面坐奠爵。興。辭降。主人對。

按：賓執虛爵降自西階，將洗以酢主人。主人亦降立於「阼階東，西面，當東序」（鄭注）之部位。賓在西階前，面向東，坐奠爵，然後起立，辭謝主人之降階，主人亦對答之。

賓坐取爵。適洗。北面。坐奠爵于篚下。興。盥洗。主人阼階之東。南面辭洗。賓坐奠爵于篚。興對。主人反位。賓卒洗。

鄉飲酒云：「賓坐取爵，適洗南，北面。」又云：「……興對，主人復阼階東，西面。」「賓東北面盥，坐取爵，卒洗。」

按：賓於主人對答之後，坐取爵，走至洗南北面部位，坐奠爵于篚下，然後起立，準備盥洗。主人在阼階東，面向西稍進而辭洗。賓則坐下，將爵奠于篚，再起立對答，於是主人又復阼階東，西面之位。賓然後東北面盥手，坐取爵，洗爵。

揖讓如初。升。

鄭注云：「如初者，一揖一讓如獻賓時。」

主人拜洗。賓答拜。興。降盥。如主人之禮。

按：主賓升階之後，主人北面拜洗。賓西階上北面坐奠爵，答拜。而後興。降盥，如其從降辭對之禮。

賓升。實爵。主人之席前。東南面酢主人。主人阼階上拜。賓少退。主人進受爵。復位。

按：賓升，至尊北面實酒。而後到主人席前東南面酢主人。主人在阼階上則北面而拜。受爵之處，亦當主人席前。復位者，主人復阼階上北面。賓復西階上北面之位。

賓西階上拜送爵。薦脯醢。主人升席。自北方。乃設折俎。祭如賓禮。

鄭注：「祭薦，俎及酒，亦嚌啐。」

不告旨。

鄭注：「酒己物。」故不告旨。

自席前適阼階上。北面坐卒爵。興。坐奠爵。遂拜。執爵興。

鄉飲鄭注：「自席前者，啐酒席末，因從北方降，由便也。」張爾岐云：「案曲禮，席東鄉西鄉，以南方為上；南鄉北鄉，以西方為上。凡升席由下，降席由上。今主人當降自南方，以啐酒於席末，遂因從席北頭降，由席前以適阼階，是由便也。」

賓西階上北面答拜。

按：主人行完一套飲酒之禮後，賓於西階上北面答拜。

主人坐奠爵于序端。阼階上再拜崇酒。賓西階上答再拜。

鄭注云：「序端，東序頭也。崇，充也，謝酒惡相充滿也。」

張爾岐云：「奠爵序端，擬獻衆賓用之。」

按：主人行至東序端，北面坐奠爵，然後再反阼階上北面，拜謝賓為崇酒之禮。賓亦於西階上北面答以再拜之禮。

第四節　主人酬賓

主人坐取觶于篚。

按：主人由阼階上至篚前北面坐，取篚中之觶，將以酬賓。

以降。

按：據主人獻賓禮，則主人降自阼階後，當立於階前西面。

賓降。

按：賓降自西階，立於「西階前，東面。」（見賓酢主人）

主人奠觶。辭降。賓對。東面立。主人取觶。洗。賓不辭洗。卒洗。揖讓升。

按：此儀式與主人獻賓時之洗爵同，惟主人洗觶時，賓不辭洗而已。

賓西階上疑立。主人實觶。酬之。阼階上北面坐奠觶。遂拜。執觶興。賓西階上北面答拜。

按：賓疑立于西階上北面。主人執觶至尊壺，實酒將酬賓。主人退于阼階上北面坐奠觶，行拜禮，再執觶起立，賓同時亦於西階上北面答以拜禮。

主人坐祭。遂飲。卒觶。興。坐奠觶。遂拜。執觶興。賓西階上北面答拜。

鄭注：「主人先自飲，所以為勸也。」

按：主人坐、祭、飲、興、拜皆北面。

主人降洗。賓降辭。如獻禮。

按：如獻禮，即如主人將獻賓，賓辭洗之禮也。鄭注：「以將酌己。」故賓辭洗。

升。不拜洗。

鄭注：「酬禮殺也。」故不拜洗。

賓西階上立。主人實觶。賓之席前。北面。賓西階上拜。主人坐奠觶于薦西。賓辭。坐取觶以興。反位。

鄭注：「賓辭，辭主人復親酌己。」

按：賓立於西階上北面。主人至尊壺實酒，然後到賓席之前北面而立，賓則行拜禮，主人坐下將觶置於薦西，而後起立稍退。賓辭謝主人酌己，並向前行至薦南，坐取觶而興。於是主賓又各復阼階、西階上北面之位。

主人阼階上拜送。賓北面坐奠觶于薦東。反位。

按：主人於阼階上北面行拜送禮，而賓則前進至薦南，坐下將觶置於薦東，再反回西階上北面之位。

第五節　主人獻衆賓

主人揖降。賓降。東面立于西階西。當西序。

鄭注：「主人將與衆賓爲禮。賓謙。不敢獨居堂。」

按：主人則西面立于阼階東，當東序。

主人西南面三拜衆賓。衆賓皆答壹拜。

張爾岐云：「主人在阼階下，衆賓在賓介（按此爲鄉飲，故有介。鄉射則無介也。）之南，故主人西南面拜之。

主人揖升。

張爾岐云：「主人揖升，主人自升也。衆賓尚在堂下。」「疏以揖升爲揖衆賓升，非也。」

坐取爵于序端。

按：賓酢主人：「主人坐奠爵于序端。」鄭注：「序端，東序頭也。」

降洗。

記云：「衆賓之長，一人辭洗，如賓禮。」又云：「若有諸公，則如賓禮，大夫如介禮，無諸公，則大夫如賓禮。」

有司徹主人獻長賓云：「主人洗爵，長賓辭，主人奠爵于篚，興對，卒洗。」

張爾岐云：「記云：衆賓之長，一人辭洗，如賓禮。當亦從堂下東行辭之，疏以爲降辭，亦未是。」

按：此主人降洗，衆賓之長一人辭洗，儀節當如主人獻賓時，賓所作辭洗之動作一樣。

升實爵。西階上獻衆賓。衆賓之長。升拜受者三人。

張爾岐云：「主人于西階上獻爵，衆賓始一一升受之耳。」

按：主人實爵之後，至西階上西南面獻衆賓，（衆賓在賓南，東面之位）。衆賓之長升拜受者三人，一一而升，皆北面拜受。

主人拜送。

鄭注云：「拜送爵於衆賓右。」則主人亦當北面拜送。

坐祭。立飲。不拜既爵。授主人爵。降復位。

有司徹辯獻衆賓云：「衆賓長升。拜受爵。主人答拜。坐祭。立飲。卒爵。不拜既爵。宰夫贊主人酌。若是以辯（徧）。」

張爾岐云：「一人飲畢，授爵降。次一人乃升拜受也。」又云：「降復賓南東面位。」

按：衆賓之長一一升自西階，北面而立。主人於賓長之右，北面拜送爵，賓長亦北面拜受，坐祭，立飲，不拜既爵，而後授主人爵，反降賓南東面之位也。

衆賓皆不拜。受爵。坐祭。立飲。

鄭注云：「自第四以下，又不拜受爵，禮彌略。」

章協夢云：「衆賓不拜受爵，主人亦不拜送爵矣。」

每一人獻。則薦諸其席。

鄭注：「謂三人也。」

張爾岐云：「此堂上三人有席者。」

衆賓辯有脯醢。

鄭注云：「薦於其位。」張爾岐云：「堂下之位。」

主人以虛爵降。奠于篚。

按：主人獻衆賓畢，則執虛爵自阼階而降，將爵奠于堂下洗西之篚。據主人洗爵之方位推斷，此時主人奠爵亦當南面。

第六節　一人舉觶

揖讓升。賓厭衆賓升。衆賓皆升。就席。

張爾岐云：「揖讓升，謂主人，蒙上以爵降之文也。衆賓序升。謂三賓。堂上有席者。」

按：此下言一人舉觶，主人，賓與衆賓皆升堂就席。

一人洗。舉觶于賓。

鄭注：「一人，主人之吏。」

鄉飲酒記云：「主人之贊者，西面北上。」鄭注：「西面北上，統於堂也。」

按：主人之贊者于堂下，阼階東，西面之位，以北爲上。主人命一人洗觶，將舉觶于賓。

升。實觶。

按：升自西階。

西階上坐奠觶。拜。執觶興。賓席末答拜。

按：舉觶者實觶後，復西階上北面之位，而後坐奠觶，行拜禮。再執觶起立。賓則於席末南面答拜。

舉觶者坐祭。遂飲。卒觶。興。坐奠觶。拜。執觶興。賓答拜。

按：舉觶者于西階上北面坐祭，飲酒。而後執觶起立，再坐下奠觶，行拜禮。乃執觶而起立。此時賓亦于席末南面答以拜禮。

降洗。升實之。西階上北面。

按：舉觶者，降自西階，至洗南，北面洗觶。而後自西階升堂，實觶，復西階上北面之位。

賓拜。

張爾岐云：「疏曰：云賓席末答拜者，謂於席西，南面。非謂席上近西謂末，以其無席上拜法也。」

鄭注：「拜受觶。」

舉觶者進。坐奠觶于薦西。賓辭。坐取以興。

按：舉觶者進至薦南（賓之薦）北面，坐奠觶於薦西，賓於席上南面禮辭。而後坐下取觶以興。此時，舉觶者亦復位。

舉觶者西階上拜送。賓反奠于其所。舉觶者降。

按：舉觶者於西階上北面拜送觶，賓則坐奠爵於薦西，而舉觶者降復阼階東，西面之位，舉觶禮畢。

第七節　遵入獻酢之禮

大夫若有遵者。則入門左。

鄭注：「謂此鄉之爲大夫者也。」

敖繼公曰：「入門左，則鄉者賓入之位也。不俟於門外，別於正賓。」

主人降。

鄭注：「迎大夫於門內也。不出門，別於賓。」

賓及衆皆降。復初位。

鄭注：「不敢居堂俟大夫入也。初位，門內東面。」

按：鄉飲酒遵者入之禮云：「賓若有遵者，諸公大夫，則既一人舉觶，乃入。」張爾岐云：「此下言諸公大夫來助主人樂賓，主人與爲禮之儀。……當一人舉觶畢，瑟笙將入之時，乃入。」又記云：「樂作，大夫不入。」是知大夫之入，在樂作之前。

主人揖讓。以大夫升。拜至。大夫答拜。

按：主人與大夫揖讓而升，主人自阼階升，北面。大夫自西階升，北面。主人拜謝大夫之參與此禮。大夫則答拜，皆北面。

主人以爵降。大夫降。主人辭降。大夫辭洗。如賓禮。

按：此如前述主人獻賓之禮。

席於尊東。

鄭注：「尊東，明與賓夾尊也。不言東上，統於尊也。」張爾岐云：「遵席西上。」

按：設大夫席於尊之東。

升。不拜洗。

按：主人洗爵，與大夫升階，大夫不拜洗。

主人實爵。席前獻于大夫。大夫西階上拜。進受爵。

按：主人獻賓時，於賓之席前北面獻賓。此處當亦如此，於大夫之席前，北面獻大夫。然後稍退。大夫則於西階上拜，進接受主人所獻之爵。

反位。主人大夫之右。

按：據以下經文所云：「大夫降洗。主人復阼階。」則此時之反位，乃是主人與大夫皆反西階上北面之位，主人在大夫之右。

拜送。

按：主人西階上，大夫之右，北面行拜送爵之禮。

大夫辭加席。主人對。不去加席。

按：鄉飲酒禮者入之禮云：「席于賓東。公三重。大夫再重。」則知大夫之席再重。大夫禮辭加席，主人辭對，然不去所加之席。

乃薦脯醢。大夫升席。設折俎。祭如賓禮。不嚌肺。不啐酒。不告旨。西階上卒爵。拜。

主人答拜。

鄭注云：「大夫升席由東方。」

按：薦脯醢於大夫席前，大夫由東方升席。然後陳設折俎。大夫於席上南面，祭脯醢，祭酒皆如賓禮。惟大夫不嚌肺，不於席末啐酒，亦不降席告旨。乃直接反西階上主人之左，北面坐卒爵，行拜禮。一如主人獻賓時，賓所行之禮節。主人則亦答以拜禮。

大夫降洗。主人復阼階。降。辭。如初。卒洗。主人盥。揖讓升。

按：大夫將酢主人，故準備降洗。此時，主人亦復阼階上原位。其降辭洗之禮如前所述。大夫洗爵之後，主人亦盥手，然後主人與大夫揖讓升堂。

大夫授主人爵于兩楹間。復位。

按：大夫授主人爵于兩楹之間，當是相向而授。

主人實爵。以酢于西階上。

按：主人自阼階上至尊壺實爵，然後行至西階上大夫之右北面。將行酢禮。

坐奠爵。拜。大夫答拜。坐祭。卒爵。拜。大夫答拜。

按：主人于西階上，大夫之右，北面，坐奠爵，行拜禮，然後執爵興。大夫答以拜禮。主人坐祭酒，卒爵。起立行拜禮。大夫再答以拜禮。

主人坐奠爵于西楹南。再拜崇酒。大夫答拜。

按：主人前行當西楹，北面坐奠爵於西楹之南，反西階上大夫之右，北面行再拜崇酒之禮。大夫亦答拜。

主人復阼階。揖降。大夫降。立于賓南。

張爾岐云：「賓及衆賓，自大夫升堂時，已立西階下。」則大夫在賓南東面。主人在阼階下西面。

主人揖讓。以賓升。大夫及衆賓升。就席。

儀禮正義曰：「敖氏云：賓亦厭大夫，大夫亦厭衆賓乃升也。衆賓其長三人也。」

第八節　合樂樂賓

席工于西階上。少東。樂正先升。北面立于其西。

鄭注云：「言少東者，明樂正西側階。不欲大東，辟射位。」張爾岐云：「按鄉飲酒不射，席工亦與此同。此注云辟射位，恐非經意，或是欲其當賓席耳。」

敖繼公云：「少東，據工之下席而言也。樂正立于其西，猶未至階也。鄉飲酒禮云，樂正先升，立于西階東。」

按：敖說甚當。

工四人。二瑟。瑟先。相者皆左何瑟。面鼓。執越。內弦。右手相。入。升自西階。北面東上。

鄭注云：「面，前也，鼓在前，變於君也。」

張爾岐云：「面鼓者，瑟首在前也。鼓謂可鼓處。與鄉飲酒不同者，在鄉飲酒欲其異於燕，在鄉射欲其異於大射，皆爲變於君也。」

按：有工四人，其中二人爲彈瑟者。瑟者先行，其相者皆以左手荷瑟，鼓朝前（卽瑟首在前），手指挎住瑟下孔，瑟弦向內。以右手扶樂工而入，升自西階，面向北，以東爲上。

工坐，相者坐授瑟。乃降。

鄉飲酒云：「工入，升自西階，北面坐，相者東面坐。遂授瑟。乃降。」鄭注云：「降立于西方，近其事。」

按：相者降，當立於西階西，南面也。

笙入。立于縣中。西面。

鄭注云：「堂下樂，相從也。縣中，磬東立，西面。」

蔡德晉云：「笙者入，立于縣中，當鐘磬之間。」盛州佐云：「縣中，磬南鐘北也。」

乃合樂。周南。關雎。葛覃。卷耳。召南。鵲巢。采蘩。采蘋。

按：曾永義君儀禮樂器考儀禮音樂演奏之概況云：「鄉射禮蓋主於射，故略於樂。以其為士禮，故只用特縣一面一肆。合樂之時，工歌，笙奏周南，召南六章，其編鐘，編磬當同音以和之，鼓、鎛之屬以節之。合樂之先亦當以鼗將之，以鼙引之，樂止而衆聲俱寂。鄉射之正歌唯合樂一節而已。」

工不興。告于樂正曰。正歌備。樂正告于賓。乃降。

鄭注云：「不興者，瞽矇禮略也。」又云：「樂正降者，堂上正樂畢也，降立西階東，北面。」

按：樂正告于賓，在西階東，工席之西，北面。

第九節　獻工與笙

主人取爵于上篚。獻工。大師。則為之洗。

鄭注：「尊之也。君賜大夫樂，又從之以其人，謂之大師也。」

案：主人降席，至上篚北面取爵，將以獻工，若有大師，則為之洗爵。

賓降。主人辭降。工不辭洗。卒洗。升實爵。

按：主人若為大師洗爵，則賓與衆賓亦降立於西階西，東面，主人辭降。主人卒洗，升實爵以獻工，工則不辭洗。盛世佐云：「若無大師，不為之洗，賓亦不降也。」

工不興。左瑟。一人拜受爵。主人阼階上拜送爵。

吳廷華云：「工北面以西爲左，主人實爵自東來，在工之右，故左瑟以避之。」

敖繼公云：「主人亦坐授之。」

按：主人取爵於上篚，實爵，自東而來，西南面（儀禮集說云）獻工，工置瑟於身左，不興，主人坐授爵，工之長者（鄭注）拜受爵。主人然後回阼階上北面行拜送爵之禮。此言無大師時，不洗爵而獻工之禮。

薦脯醢。使人相祭。工飲。不拜既爵。授主人爵。

鄭注：「人，相者。」又云：「坐授之。」

按：主人使人薦脯醢於工席之前，並使相者升堂（相者本立於西階西，南面以俟。）相工祭酒祭薦，工飲酒，不拜卒爵，坐而授爵與主人，主人前來接爵，如獻工之禮儀。

衆工不拜。受爵。祭飲。辯有脯醢。不祭。

鄭注：「祭飲，不興受爵。坐祭，坐飲。」

按：衆工不拜，不興而受爵，一一祭酒而飲，皆薦脯醢，然不祭脯醢。

不洗。遂獻笙于西階上。笙一人拜于下。

鄭注云：「不洗者，賤也。衆工而不洗矣，而衆笙不洗者，笙賤於衆工，正君賜之，猶不洗也。」又云：「一人，笙之長者也。」

按：衆工祭飲之後將爵北面坐授主人，主人不洗爵，即至尊壺實酒，然後至西階上，西南面獻笙。（敖繼公云：「主人獻時亦西南面也。」）此時笙之長者已由縣中西面之位進至西階下北面之位，當主人獻爵之時，笙之長者在西階下北面而拜。

盡階。不升堂。受爵。主人拜送爵。

按：笙之長者上西階，至第三階，北面立於階上，不升堂，接受主人獻爵，主人則於西階上西南面行拜送爵之禮。

階前坐祭立飲。不拜既爵。升授主人爵。

按：笙之長者受爵之後，降至西階前北面，坐祭酒立而飲，不拜既酒，然後升階，至第三階北面授主人爵，主人當在西階上西南面受爵，如獻禮。

衆笙不拜。受爵。坐祭立飲。辯有脯醢。不祭。

按：衆笙接受獻爵之儀式，部位與笙之長者相同。皆薦脯醢，然而不祭脯醢。此段獻笙的過程，當是衆笙一一而來接受獻禮，禮畢皆一一反縣中西面之位。

主人以爵降。奠于篚。反升。就席。

鄭注：「亦揖讓以賓升，衆賓皆升。」

按：主人獻笙，由最後一人手中受爵，然後由阼階而降，至篚之北，南面將爵奠于篚中。再回阼階前，升堂，就席。若是有大師，則主人至阼階前，與降立於西階西、東面之賓（衆賓亦在此）揖讓而升堂就席，衆賓亦接着升堂就席。

第十節　立司正

主人降席自南方。側降。

鄭注：「賓不從降。」張爾岐云：「側，特也。……」

按：主人由南方降席，獨降於阼階下南面。

作相爲司正。

按：相之部位在阼階東西面。（迎賓拜至，相卽立於此處。）故主人當是南面使相爲司正。

司正禮辭。許諾。主人再拜。司正答拜。

按：司正先行禮辭，而後許諾。主人阼階下南面拜，司正則於阼階東，西面答拜。

主人升就席。司正洗觶。升自西階。由楹內適阼階上。北面受命于主人。

賈疏：「受命于主人者，謂受主人請安賓之命。」

敖繼公云：「楹，謂兩楹。」

按：主人作司正之後，反升堂就席。司正則洗觶自西階升堂，由楹北走到阼階上北面，接受主人請安賓之命。

西階上。北面請安于賓。賓禮辭。許。司正告于主人。遂立于楹間以相拜。

褚寅亮云：「楹間，東西節也。其南則近堂廉，北面立而相。」

司射請射云：「司射適阼階上，東北面告于主人。」

按：司正受命之後，至西階上北面請安于賓，賓稍爲禮辭而後應允。司正復至阼階上東北面告於主人，然後至楹間北面立而相拜。

主人阼階上再拜。賓西階上答再拜。皆揖就席。

按：主人與賓皆降席，主人在阼階上北面行再拜禮，賓在西階上北面亦答再拜之禮，然後揖而就席。

司正實觶。降自西階。中庭。北面坐奠觶。興。退。少立。

鄉飲酒云：「司正實觶，降自西階，階間北面坐奠觶，退，共，少立。」注云：「階間北面，東西節也。其南北當中庭。共，拱手也。少立，自正，慎其位也」張爾岐云：「右還北面，降自西階，至中庭時，右還就位。」

按：司正實觶之後，由西階降，立於階間中庭位置北面，坐奠觶，起立稍退拱手而立。

進。坐取觶。興。反坐。不祭。遂卒觶。興。坐奠觶。拜。執觶興。

按：司正行此儀節皆北面。

洗。北面坐。奠于其所。興少退。北面立于觶南。未旅。

按：司正卒觶之後，洗觶，北面坐，將觶奠于階間中庭之位，而後起立稍退，北面立于觶南，未行旅酬之禮，以「此禮主於射，故未旅，急在射也。」

第三章　第一番射事

第一節　司射請射

三耦俟于堂西。南面東上。

鄭注云：「司正既立，司射選弟子之中，德行道藝之高者，以爲三耦，使俟事於此。」記云：「三耦者，使弟子司射前戒之。」鄭注云：「弟子，賓黨之少者也，前戒，謂先射請戒之。」張爾岐云：「請射于賓之前，卽戒之。」

司射適堂西。袒。決。遂。取弓于階西。兼挾乘矢。升自西階。

鄭注：「司射，主人之吏也。」當在阼階之下西面。又云：「袒，左免衣也。決，猶闓也。以象骨爲之，著右大擘指，以鉤弦。闓，體也。遂，射韝也，以韋爲之，所以遂弦者也，其非射時，則謂之拾，拾，斂也。所以蔽膚斂衣也。方持弦矢曰挾，乘矢，四矢也。大射曰：『挾乘矢於弓外，見鏃於附南，巨指鉤弦。』」記云：「司射之弓矢與扑，倚于西階之西。」又云：「凡挾矢，於二指之間，橫之。」鄭注云：「二指，謂左右手之第二指，此以食指將指挾之。」

按：司射由阼階下西面之位，至堂西，北面，袒、決、遂、取弓、挾乘矢，然後向東行，至西階前轉北面，升堂。

階上北面告于賓曰。弓矢既具。有司請射。賓對曰。某不能。爲二三子許諾。

鄭注：「言某不能，謙也。二三子，謂衆賓已下。」

按：司射北面請射，賓則南面答也。

司射適阼階上。東北面告于主人曰。請射于賓。賓許。

按：以上言司射請射之儀。

第二節　弟子納射器

司射降自西階。階前西面。命弟子納射器。

鄭注云：「射器：弓，矢，決，拾，旌，中，籌，楅，豐也。」按：司射降，於西階前，西面命弟子，弟子於階西，東面而受命也。

乃納射器。皆在堂西。

按：弟子受命之後，皆於堂西納射器。

賓與大夫之弓。倚于西序。矢在弓下。北括。衆弓倚于堂西。矢在其上。主人之弓矢。在東序東。

按：弟子將賓與大夫之弓倚於西序，矢置於弓下，括（矢末）朝北，衆賓之弓倚於堂西，矢則置於「堂西廉」（鄭注），亦北括。主人之弓矢，則置於東序東，亦北括（鄭注）。

第三節　司射比三耦

司射不釋弓矢。遂以比三耦于堂西。

鄭注云：「比，選次其才相近者也。」

三耦之南。北面。命上射曰。某御於子。命下射曰。子與某子射。

鄭注云：「御，進也，侍也，進而侍射於子，尊辭也。」

第四節　司馬命張侯倚旌

司正爲司馬。

鄭注：「兼官，由便也。立司正，爲涖酒爾，今射，司正無事。」

按：以司正兼司馬之職也。

司馬命張侯。

敖繼公云：「命之繫左下綱耳。」

按：司馬由觶南北面之位至西階前西面命弟子張侯。

弟子說束，遂繫左下綱。

鄭注云：「事至也。今文說皆作稅。」賈疏云：「上張侯時不繫左下綱，中掩束之，今命弟子說其束，不致地，遂繫左下綱於植，事至故也。」

司馬又命獲者倚旌于侯中。

鄭注云：「爲當負侯也。獲者亦弟子也。」

記云：「旌，各以其物。」賈疏云：「周禮司常云：九旗，通帛爲旜，雜帛爲物，全羽爲旞，析羽爲旌。……通帛者，通體並是絳帛；雜帛者，中絳緣邊白也。大夫士同建物，而云各者，大夫五仞，士三仞，不同也。旌，射時獲者所執，各用平時所建，故云各以其物也。」

記又云：「無物，則以白羽與朱羽糅，杠長三仞，以鴻脰韜上，二尋。」鄭注云：「無物者，謂小國之州長也，其鄉大夫一命，其州長士不命，不命者無物，此翿旌也。翿亦所以進退衆者。糅者，雜也。杠，橦也。七尺曰仞。鴻，鳥之長脰者也。八尺曰尋。」張爾岐云：「不命之士，不得用物，則以白白雜羽爲翿旌，以射，其杠三仞，又以鴻脰韜杠之上，長二尋。鴻脰之制，注疏皆不言，疑亦縫帛爲之，其圓長若鴻項然也。」

記又云：「司射在司馬之北。」而司射之位據經文云乃在「所設中之西南，東面。」中所設之處「南當福，西當西序。」是知司馬之位在中西南，當司射南，東面之位。按：弟子張侯之時，司馬又於西階前西面命獲者舉旌倚於侯中。據記云：「司射既袒、決，遂而升，司馬階前命張侯，遂命倚旌。」張爾岐云：「司射升堂告賓請射之時，司馬階前卽命張侯、倚旌。經文序司射事訖，乃及司馬，故記著其行事相並也。」當知司馬命張侯及倚旌之時間與司射升堂請射之時並行也。至於司馬命倚旌之後，則反立於司馬應立之位——司射南，東面之位。以司其職也。韋協夢云：「此時司馬之位已在司射虛位之南下……不着之者，是時司射位未定，不得先見司馬位也。」

獲者由西方。坐取旌。倚于侯中。乃退。

郝敬云：「射中者獲報中之人曰獲者。旌、獲者所執。矢中揚旌唱獲。時司射將誘射，司馬命獲者取旌倚侯北正中。

按：獲者由西方，在堂西，北面坐取旌之後，行至侯北，南面，將旌倚于侯中，乃退回西階下東面之位。

第五節　樂正遷樂

樂正適西方。命弟子贊工。遷樂于下。

鄭注云：「當辟射也。」

按：合樂樂賓畢，樂正降立西階東，北面。此時乃由該位至階西，北面命弟子贊工，遷樂於堂下。

弟子相工。如初入。降自西階。阼階下之東南。堂前三笴。西面北上坐。

張爾岐云：「相工如初入者，亦左何瑟，右手相也。矢幹長三尺，三笴者，去堂九尺也。」

按：弟子相工由西階而下，其動作亦如初入升堂時一樣。從西階行至阼階下東南，去堂九尺之位，面向西，以北爲上，坐於其地。而後弟子仍還西方之原位。

樂正北面立于其南。

鄭注云：「北面鄉堂，不與工序也。」

按：樂正則立於樂工之南，北面。

第六節　三耦取弓矢俟射

司射猶挾乘矢。以命三耦。各與其耦。讓取弓矢拾。

鄭注：「拾，更也。」

張爾岐云：「各與其耦讓取弓矢拾，即司射之所以命三耦者。」

按：司射比三耦之後，仍舊挾乘矢，而命三耦各與其耦，更迭而讓，以取弓矢。

三耦皆袒決遂。

按：三耦皆于堂西，南面之位袒，決，遂。

有司左執弣。右執弦。而授弓。遂授矢。

鄭注云：「有司，弟子納射器者也。凡納射器者，皆執以俟事。」又云：「受於納矢而授之。」

按：有司左手執弣，右手執弦，堂西，北面而授弓、矢。三耦受弓矢時，更迭而讓，皆南面。

三耦皆執弓。搢三而挾一个。

鄭注云：「未違俟處也。搢，插也，插於帶右。」

按：三耦於原位執弓，將三矢插於帶右，而挾一矢。

司射先立于所設中之西南。東面。

張爾岐云：「中，謂鹿中，以釋獲者。其設之之處，南當楅，西當西序，此時尚未設中，云所設中之西南者，擬將來設中之處也。」

敖繼公云：「下經云設楅于中庭，南當洗。又云設中，南當楅，西當西序，然則此時司射之位少南於洗，而西當榮，與司射先立於此，欲三耦知其位也。」

三耦皆進。由司射之西。立于其西南。東面。北上而俟。

敖繼公云：「進，亦每耦並行，上射在左，如退適堂西之儀也。立于其西南，又以司射所立處爲節也。」

正義曰：「三耦本俟於堂西，至此始違俟處，進而立於司射之西南，以俟射也。」

按：三耦由堂西，南面而進，每耦並行，上射在左，經司射之西，立于司射之西南，面東，以北爲上，依序而列於其處。

第七節　司射誘射

司射東面立于三耦之北。

張爾岐云：「據注及疏，言司射本立于中之西南，今命三耦已，復還立此……。此復言之者，欲言其將誘射，故復從立處說起耳。」

搢三而挾一个。揖進。當階。北面揖。及階揖。升堂揖。

郝敬云：「司射東面立以下，皆司射自射，以教射也。揖進，即所立之次東向一揖，進當西階塗，北向一揖，及西階下一揖，此堂下三揖也。」

豫則鉤楹內。堂則鉤楹外。

鄭注云：「鉤楹，繞楹而東也。序無室，可以深也。周立四代之學於國，而又以有虞氏之庠爲鄉學，鄉飲酒義曰：主人迎賓於庠門外。是也。庠之制，有堂有室也。今言豫者，謂州學也。

讀如成周宣榭災之榭，周禮作序。凡屋無室曰榭，室從榭，州立榭者，下鄉也。」
張爾岐云：「射者升堂揖訖，東行向物。豫無室，物近北，故鉤楹北而東。庠之堂有室，物近南，故由楹南而東也。」
敖繼公云：「序則鉤楹內，繞楹之東而北，以其物當棟也；堂則由楹外，謂循楹之南而東，以其物當楣也。蓋射者必履物，而物之在堂有深有淺故爾。」

當左物。北面揖。及物。揖。

記云：「射自楹間，物長如笴，其間容弓，距隨長武。」鄭注：「長如笴者，謂從畫之長短也，笴，矢幹也，長三尺，與跬相應，射者進退之節也。間容弓者，上下射相去六尺也。距隨者，物橫畫也，始前足至東頭爲距，後足來合而南面爲隨，武，迹也，尺二寸。」
又云：「序則物當棟，堂則物當楣。」
張爾岐云：「物者，以丹若墨畫地，作十字形，射者履之以射。左物，下射所履，故云下物也。」

左足履物。不方足。還。視侯中。俯正足。

鄭注：「方猶併也。……左足至，右足還……南面視侯之中，乃俯視併正其足。」張爾岐云：「左足履物，不及併足，右足初旋，已，南面視侯，乃俯正足而立，是其志在於射也。」
按：司射東面立於三耦之北，中之西南之位，搢三矢於右帶，挾一个，東面揖而進，當西階塗，北向一揖而進，及西階下又一揖而升階，升堂之後又北向而揖。然後繞過楹內，至東邊左物之南，北面一揖，前進及物又一揖，左足踏物，右足不合併，接着右旋，面朝南，眼睛視侯中，然後低頭併足而立。

不去旌。誘射。將乘矢。執弓不挾，右執弦。南面揖。揖如升射。降。

鄭注：「誘猶教也。」又云：「不挾，矢盡。」

按：司射誘射，不去旌，將四矢射畢，左手執弓，右手執弦，南面而揖。降堂。其行走之路線及作揖之地點如升射時一樣。

出于其位南。適堂西。

記云：「凡適堂西，皆出入于司馬之南。」

張爾岐云：「司射位在所設中之西南，東面。今乃出其位南，北廻適堂西者，疏以爲教衆耦威儀之法故也。衆耦射畢，皆當自此適堂西，釋弓脫決拾也。」

按：司射降自西階，南面而行，至其位之南，再北廻適堂西。

改取一个。挾之。遂適階西，取扑。搢之。以反位。

記云：「楚扑長如笴。刊本尺。」鄭注云：「刊其可持處。」張爾岐云：「刊，削也。」

鄭注：「扑，所以撻犯教者，書云：扑作教刑。」記又云：「射者有過則撻之。」鄭注云：「過，謂矢揚中人，凡射時，矢中人，當刑之。今鄉會衆賓，以禮樂勸民，而射者中人，本意在侯，去傷害之心遠，是以輕之，以扑撻於中庭而已。」

按：司射至堂西，北面更取一个，挾之，又適階西，北面取扑，插於腰，然後反所設中之西南，東面之位。

第八節　三耦射

司馬命獲者執旌以負侯。

記云：「命負侯者，由其位。」

張爾岐云：「上文命張侯倚旌，疏云：同是西階前。至此未有他事，當亦西階前命之也。」

盛世佐云：「下記云：命負侯者由其位，正謂此也，張氏云西階前命之，非。」

按：司馬由其位（司射之南）北面命獲者執旌負侯，獲者自倚旌之後即退立於西階下南面。

獲者適侯。執旌負侯而俟。

按：獲者由西方，至侯北，南面執旌，北面背侯而俟立。

司射還。當上耦。西面作上耦射。司射反位。

鄭注云：「還，左還也。作，使也。」張爾岐云：「三耦在司射之西南，東面，今欲西面命射，故知左還。」

按：司射左旋，當上耦之位，西面使上耦射。然後再右旋反原位。

上耦揖進。上射在左。並行。當階。北面揖。及階揖。上射升三等。下射從之。中等。

按：上耦東面一揖而進，上射在左，下射在右，兩人並行。當西階塗，北面揖而行，及階前，又一揖。上射先升階，至第三階時，下射始登第一階，中間隔一等。

上射升堂。少左。下射升。上射揖。並行。

鄭注云：「並，併也。併東行。」

張爾岐云：「升堂少左，辟下射升階也。」

按：上射升堂之後，北面稍左而立，下射亦升堂，在上射之右，上射一揖，然後兩人皆東面而行。

皆當其物。北面揖。及物。揖。皆左足履物。還。視侯中。合足而俟。

張爾岐云：「當物，上射當右物，下射當左物。履物還視侯中，皆做誘射之儀。」

按：上下射東行之後，皆至其物之南，上射當右物，下射當左物，皆北面一揖，進及物又一揖。然後以左足履物，右旋，南面視侯中，再併足而立。

司馬適堂西。不決遂。袒。執弓。

按：司馬由司射之南東面之位，北行至堂西，北面，不決遂，乃袒，執弓。因司馬不射，故不決遂。

出于司射之南。升自西階。鉤楹。由上射之後。西南面立于物間。右執簫。南揚弓。命去侯。

鄭注：「簫，弓末也。大射曰：左執弣。」

按：司馬由堂西，南面而行，出於司射之南，再北廻，自西階升堂，繞過西楹，由兩楹之間，自上射之後，南行立於兩物之間，面向西南。右手執矢末，向南舉弓，命獲者離侯。

獲者執旌許諾。聲不絕。以至于乏。坐。東面偃旌。興而俟。

按：獲者執旌負侯而立，司馬命去侯，則獲者應允，諾聲不絕，行至所設乏處，東面，坐而仆旌於地，然後起立東面而俟。

司馬出于下射之南。還其後。降自西階。反由司射之南。適堂西。釋弓。襲。反位。立于司射之南。

鄭注云：「圍下射者，明爲二人命去侯。」

褚寅亮云：「經先言出于下射之南，則是由物間而出，從下射南，向東行也。繼云還其後，則是過下物，折向北又折向西而還下射之後也。……又襲，復衣也，對袒而言，故謂之襲。」

按：司馬由物間，從下射之南，東行，過下物，折向北行，又折向西行，繞過下射之後，自西階降，南面而行，出於司射之南，北廻而至堂西，北面釋弓，襲衣，然後將反於司射南下東面之位。

司射進。與司馬交于階前。相左。由堂下西階之東。北面視上射

敖繼公云：「司射進，與司馬交于階前，著其進之節也。相左，著其行之方也。司馬南行，司射北行，而相過，故謂之交。司馬在西，司射在東，故謂之相左。蓋南行者以東爲左，北行者以西爲左也。」又云：「由堂下者，自堂下而少東行也，西階之東，當上物之南也，其於堂中爲少西，故取節于西階也。」

按：司馬適堂西釋弓，襲衣，對反位之塗中，司射北進，兩人相左於西階前，司馬反司射南下東面之位，司射則由堂下至西階東，當上射之位，北面而視上射。上射當右物南面。

命曰。無射獲。無獵獲。

鄭注云：「射獲，謂矢中人也。獵，矢從傍。」

敖繼公云：「惟命上射者，以其先發，而下射從之，且下射其聞之矣，故不復戒。戒其射獲，獵獲而不及其他者，獲近于侯，舉近以見其遠也。」

上射揖。司射退。反位。

按：司射北面命上射，上射乃南面揖受命。於是司射退反原位，在中之西南，東面。

乃射。上射既發。挾弓矢。而后下射射。拾發。以將乘矢。

張爾岐云：「上射發第一矢，復挾二矢，下射乃發矢。如是更發，以至四矢畢。」

敖繼公云：「弓字衍文，挾矢則挾弓可知，不必言也。大射儀無弓字，既發而挾矢，是射時乃傅矢也，此亦可以見其節矣。云拾發者，亦見下射發，挾矢，而後上射射也。古之射者，其序整齊而不紊，其儀從容而不迫，大抵類此。」

獲者坐而獲。舉旌以宮。偃旌以商。獲而未釋獲。

鄭注：「射者中，則大言獲。」又云：「宮爲君，商爲臣，聲和律呂相生。」「但大言獲，未釋其算。」張爾岐云：「釋算，所以識中之多寡。注上下文皆言大言獲，疏乃以宮爲大言獲，商爲小言獲，是一矢而再言獲，恐未是，或一聲漸殺，各有所合歟。」

蔡德晉云：「舉旌之聲高爲宮，偃旌之聲下爲商，蓋一唱而聲再變也。」

按：獲者在乏西，東面立，今上耦射，則東面坐，若射中，獲者舉旌之聲高，若未射中，則獲者偃旌之聲下。皆不釋算。

卒射。皆執弓。不挾。南面揖。揖如升射。上射降三等。下射少右。從之。中等。

按：射畢之後，上下射皆左手執弓，右執弦，不挾矢，南面一揖，而後降堂，皆如揖升之儀一樣。當上下射西行至西階上南面之位時，上射在左，下射在右，上射先降至最下階，下射則少右而降一階，中間隔一階。上射降至西階下時，下射始降與上射並立，皆南面。

並行。上射於左。與升射者相左。交于階前。相揖。由司馬之南。適堂西。釋弓。說決拾

。襲。而俟于堂西。南面東上。

按：上耦旣降階而並行，上射在左，下射在右。與將升射之次一耦相左於階前，（卽上耦降堂之時，次一耦亦如上耦升射時一樣，由射位北行，故與上耦相交于階前。）上耦南面揖，次一耦北面揖。上耦由司馬之南北廻，適堂西，北面釋弓，脫決拾，襲衣，然後南面俟於堂西，以東爲上。

三耦卒射。亦如之。

敖繼公云：「三當作二字之誤也。二耦謂次耦下耦也。下耦與此異者，無與升揖者相左相揖之事耳。」

胡肇昕云：「下三耦拾取矢節云三耦拾取矢，亦如之，敖氏亦云三當作二，考大射『三耦卒射亦如之』作三，『二耦拾取矢亦如之』作二，細繹經文，當以作二耦爲是，蓋三與二字畫相似，又涉下三耦卒射而誤耳。」

司射去扑。倚于西階之西。升堂。北面告于賓。曰。三耦卒射。賓揖。

鄭注云：「去扑乃升，不敢佩刑器卽尊者之側。」

按：司射俟三耦卒射，反於堂西之位以後，乃去扑，將之倚於西階之西，東行及階，北面升堂，於西階上北面告于賓曰：三耦卒射。賓於席上南面以揖作答。

第九節　取矢委楅

司射降。搢扑。反位。

按：司射告于賓之後，乃降階，適堂西，搢扑，準備反位。

司馬適堂西。袒執弓。由其位南進。與司射交于階前。相左。

按：司馬將適堂西。袒執弓。乃由司射之南，北進，與將反位之司射相左於階前。司射反位，司馬則至堂西。北面袒，執弓。

升自西階。鉤楹。自右物之後。立于物間。西南面揖弓。命取矢。獲者執旌許諾。聲不絕以旌負侯而俟。

鄭注：「俟弟子取矢，以旌指教之。」

按：司馬由西階升。鉤楹間，自右物之後，立於兩物之間，西南面而揖弓。命獲者將取矢。獲者於乏西，東面之位執旌應允，諾聲不絕，乃執旌行至侯北，北面負侯而立，俟弟子取矢。

司馬出于左物之南。還其後。降自西階。

按：司馬由兩物間南進，至左物之南，折東行，過左物，折北而行，再折西，由左物之後，至西階而降。

遂適堂前。北面立于所設楅之南。命弟子設楅。乃設楅于中庭。南當洗。東肆。

鄭注：「楅，猶幅也。所以承笴齊矢者。」又云：「東肆，統於尊。」

張爾岐云：「所設楅，謂所擬以設楅之處。」

賈疏：「弟子設楅，司馬教之。」

記云：「楅，長如笴，博三寸，厚寸有半。龍首，其中蛇交。韋當。」鄭注云：「博，廣也，兩端爲龍首，中央爲蛇身相交也。蛇龍，君子之類也。交者，象君子取矢於楅上也。直心背之衣曰當，以丹韋爲之。司馬左右撫矢而乘之，分委於當。」張爾岐云：「韋當者，以韋束楅之中央，如人心背之衣也。」

記又云：「楅，髤。横而奉之。南面坐而奠之，南北當洗。」鄭注：「髤，赤黑漆也。」張爾岐云：「楅用漆爲飾，設之者横而奉之，南面坐奠中庭，其南北與洗相直。」

司馬由司射之南退。釋弓于堂西。襲。反位。

按：司馬待弟子設楅之後，乃由楅南繞過司射之南，北行至堂西，北面釋弓，襲衣，而反司射南下東面之位。

弟子取矢。北面坐委于楅。北括。乃退。

楊大堉云：「先命取矢，後命設楅者，蓋楅自堂西一設卽是，矢則合三耦及誘射者總二十八矢，須一一取之，不能促致，故必先命之，使二事並舉於一時，及設楅後，又釋弓堂西，襲而反位，弟子乃得取矢加楅，遂進撫而乘之，，庶幾禮成於敏焉。」又云：「其獲者負侯，本為弟子取矢而設，注所謂以旌指教之也，若北面負侯，侯在其背，何能指之以旌意，必轉向侯，始可指示之。又命取矢，不言弟子應諾者可知矣。又弟子方委矢于楅，及不備又命，升堂西南命之者，據下云弟子自西方應諾，則委矢後，弟子已西反故也。」

按：弟子取矢之時，獲者轉而向侯，以旌指之，弟子將所取矢，北面坐於楅南而置於其上，矢末朝北，乃退立堂西南，東面之位。獲者亦復侯北，北面之位。

司馬襲進。當楅南。北面坐。左右撫矢而乘之。

鄭注云：「撫，拊之也，就委矢，左右手撫，而四四數分之也。上既言襲矣，復言之者，嫌有事卽袒也。凡事，升堂乃袒。」賈疏云：「若司射，不問堂上堂下，有事卽袒。」又云：「撫者，撫拍之義，以右手撫四矢於東，以左手撫四矢於西，是四四數而分之也。」

胡肇昕曰：「釋名云撫、敷也。敷手以拍之也。拍，搏也，手搏其上也。是左右撫矢而乘之者，左右手相撫拍而四四數分之也。」又云：「上襲以命弟子設楅，退而釋弓，是無事卽襲也。此進則有事矣。而云襲者，以在堂下也。故曰：嫌有事卽袒也。」敖繼公云：「司馬是時不執弓，無嫌於不襲，此襲字蓋衍。」亦可聊備一說。

若矢不備。則司馬又袒執弓。如初。升命曰。取矢不索。

鄭注：「索，猶盡也。」

郝敬云：「云矢不備，有遺也。」

敖繼公云：「此自適堂西以至揖弓，皆如初也。」

楊大堉曰：「此宜以取矢爲句，不索爲句，命曰：取矢，卽上文之命取矢也，矢有定數，取之者不容不給，此云若矢不備者，恐有鉤折之虞，不可不備也。不索者，不令矢之盡也。」

按：司馬於楅南，北面坐，左右撫矢，四四分之，若矢有所遺或鉤折而不備者，則又適堂西，袒執弓，升堂，立于兩物間，西南面揖弓命曰：「取矢，不令矢之盡也。」

弟子自西方應曰諾。乃復求矢。加于楅。

敖繼公云：「此時獲者猶負侯，而取矢之弟子已退在西方之位，故獨應之。」又云：「弟子已應，卽往取矢，司馬乃降，由司射之南執弓反位如初。弟子既加矢于楅，司馬進撫之如初。」

第四章　第二番射事

第一節　司射請射比耦

司射倚扑于階西。升。請射于賓。如初。賓許諾。

按：司射由其位，北進，將扑倚於階西，然後升堂，西階上北面請射於賓，如司射請射之儀，賓許諾。

賓。主人。大夫。若皆與射。則遂告于賓。適阼階上。告于主人。主人與賓爲耦。

鄭注云：「言若者，或射或否，在時欲耳。射者，繹己之志，君子務焉。大夫，遵者也。告賓曰：主人御于子。告主人曰：子與賓射。」

敖繼公云：「言遂者，謂承賓許諾之後也，賓若不與射，則雖許諾，司射亦不告。然則上言請射于賓者，非獨爲請賓射明矣。」

按：若賓、主人、大夫皆與射，則司射遂於西階上北面告于賓曰：主人御某子。然後至阼階上東北面告于主人曰：子與賓射。則主人與賓爲耦也。

遂告于大夫。大夫雖衆。皆與士爲耦。以耦告于大夫曰。某御于子。

鄭注云：「大夫皆與士爲耦，謙也。來觀禮，同爵自相與耦，則嫌自尊別也。大夫爲下射，而云御于子，尊大夫也。士，謂衆賓之在下者，及羣士來觀禮者也。禮，一命已下，齒於鄉里。」

盛世佐云：「士謂命士來觀禮者，非衆賓也。」

褚寅亮云：「有大夫則以公士爲賓，然則衆賓之中，無士矣。蓋旣爲士，則不在詢衆庶之中也。若堂下一命之士，齒於鄉里者有之，故鄭以此士解與大夫爲耦，蓋亦觀禮，而非習射者也。」

按：司射于阼階上北面，告于大夫曰：某御于子。大夫雖衆，皆以士爲耦。

西階上。北面作衆賓射。司射降。搢扑。由司馬之南。適堂西。立。比衆耦。

鄭注：「衆耦：大夫耦，及衆賓也。」

按：司射至西階上北面，使衆賓射。然後降堂，至階西揷扑，由西階塗南行，過司馬之南，北廻至堂西，北面立，將比衆耦。

衆賓將與射者皆降。由司馬之南適堂西。繼三耦而立。東上。大夫之耦爲上。若有東面者，則北上。

鄭注云：「言若有者，大夫士來觀禮及衆賓，多無數也。」

張爾岐云：「若有東面者，或賓多，南面列不盡也。」

敖繼公云：「將與，則或有不與者矣。記曰：衆賓不與射者，不降。是也。降者由司馬之南適堂西，而堂下之衆賓皆從之，不言者可知也。」

按：衆賓將與射者，降自西階，南行出于司馬之南，北廻至於堂西，繼三耦之西而立，南面，以東爲上。大夫之耦在東。若南面者列不盡，則東面而立，以北爲上也。

賓。主人與大夫皆未降。

司射乃比衆耦。辯。

敖繼公曰：「尊者，事至乃降也。」

按：司射乃北面比衆耦，「命大夫之耦曰：子與某子射。其命衆耦，如三耦。」（鄭注），如此乃徧比耦。

第二節　三耦拾取矢

遂命三耦拾取矢。司射反位。

張爾岐云：「遂命者，承上比耦畢，遂命之也。」

郝敬云：「拾取，上射取一，下射取一，彼此更迭至四也。」

按：反位，乃反中西南，東面之位也。

三耦拾取矢。

按：此言三耦將準備行拾取矢之事也。

皆袒決遂。執弓。進立于司馬之西南。

按：三耦皆於堂西，南面袒，決，遂，執弓，進立于司馬之西南，東面，以北爲上。

司射作上耦取矢。司射反位。

鄭注：「作之者，還當上耦，如作射。」

上耦揖進。當楅。北面揖。及楅揖。

鄭注云：「當楅，楅正南之東西。」

張爾岐云：「上耦發位東行時，一南一北並行。及至楅南，北面向楅，亦一東一西相並也。」

按：司射反位之後，上耦東面一揖而前進，上射在北，下射在南。當行至楅南，則轉向北面，上射在西，下射在東，皆北面一揖而後並進，及楅又一揖。

上射東面。下射西面。上射揖進。坐。橫弓。卻手自弓下取一个。兼諸弣。順羽。且興。執弦而左還。退反位。東面揖。

鄭注云：「橫弓者，南踣弓也，卻手由弓下取矢者，以左手在弓表，右手從裏取之，便也。兼，並矢於弣，當順羽，既又當執弦也。順羽者，手放而下，備不整理也。」

賈疏云：「言順羽且興者，謂以右手順羽之時，則興，故云且興也。言左還者，以左手向外而西回，東面揖者，揖下射便取矢也。」

按：上耦及楅時，上射立于楅西，東面；下射立于楅東，西面。上射揖而後進，坐於楅西，將弓首朝南橫執於左手。右手手掌朝上，由弓下取楅中之矢一个，並於弣上，右手順羽而下，並執弦，同時起立，然後左旋，退回原位——楅西，東面。向下射一揖，使其取矢。

下射進。坐。橫弓。覆手自弓上取一个。興。其他如上射。

鄭注云：「覆手由弓上取矢者，以左手在弓裏，右手從表取之，亦便。

張爾岐云：「亦南踣弓，左手執弓，仰而向上。故右手覆搭矢爲便也。」

按：下射俟上射取矢復位東面揖後，亦進至楅東，西面坐，將弓首朝南橫執於左手。右手手掌向下，由弓上取楅中之矢一个，並於弣上，右手順羽執弦且興，左旋還位，西面向上射一揖，使上射取矢，如此更相取乘矢。

既拾取乘矢。揖。皆左還。南面揖。皆少進。當楅南。皆左還。北面。搢三挾一个。

鄭注：「楅南，鄉當楅之位。」

張爾岐云：「拾取乘矢，更遞而取，各得四矢也。楅南，前者進時，北面揖之位也。今退至此，皆左還北面。搢三矢而挾一矢。」

按：上耦拾取乘矢之後，上射東面，下射西面，互爲一揖。然後左旋，面朝南，皆一揖。少進當楅南。皆左旋，面朝北，各搢三矢而挾一矢。上射在西，下射在東。

揖。皆左還。上射於右。與進者相左。相揖。退反位。

鄭注：「上射轉居右，便其反位也。下射左還，少南行。乃西面。」

張爾岐云：「搢挾已而揖，皆左還西面，並行。前者進時，上射在北、是在左，今仍在北，是於右，取其反位，北上爲便也。」又云：「進者自南東行，反位者自北西行，故得相左。」

按：上耦搢三挾一之後，北面一揖，皆左旋，面朝西，上射於右，下射稍南行，位於上射之左。並西行，與將拾取矢之次一耦相左，上耦在北，次耦在南。相左時，上耦西面一揖，次耦東面一揖。上耦乃退反司馬西南，東面之位。

三耦拾取矢。亦如之。

敖繼公云：「三亦當作二，大射云二耦是也。」

後者遂取誘射之矢。兼乘矢而取之。以授有司于西方。而后反位。

朱子曰：「後者遂取誘射之矢，則卽下耦之下射也。」

鄭注：「弟子逆受於東面位之後。」

賈疏：「弟子，卽納射器者。」

敖繼公云：「下耦之下射於既拾取之後，又兼取誘射之四矢，皆兼諸弣，至楅南乃北面搢三挾五个，至西方以四矢授有司，而挾一个以反位，此見其異者也。此西方卽堂西也。士喪禮以東堂下，西堂下爲東方、西方，亦其徵也。有司卽弟子之納射器者，因留主授受于堂西。故此下射出于其東面位之後，以乘矢就而受之也。」

盛世佐云：「以授有司于西方，而后反位，則是下耦之下射就而授之也。注云弟子逆受，非。」

胡肇昕云：「經云以授，就後者言，注云逆受，就弟子言，相互成文也。蓋後者就而授之弟子，弟子逆而授之。與經文義正相成。」

記云：「取誘射之矢者，既拾取矢，而后兼誘射之乘矢而取之。」

按：次耦，下耦之拾取矢，亦如上耦，唯下耦之下射取乘矢之後，兼取誘射之乘矢，及其出于司馬西南，東面位之後，乃就堂西，西面將誘射之乘矢授與有司，有司於堂西，東面，乃逆而受之。下耦之下射再反司馬西南，東面之位，則三耦拾取矢之禮畢。

第三節　衆賓受弓矢序立

衆賓未拾取矢。皆袒決遂。執弓。搢三挾一个。由堂西進。繼三耦之南而立。東面。北上。大夫之耦爲上。

鄭注云：「未，猶不也。衆賓不拾者，未射，無楅上矢也。」

張爾岐云：「衆賓初射，當於堂西受弓矢於有司。故不拾取矢。」

按：衆賓於堂西，南面。皆袒，決，遂，執弓，有司北面授矢於衆賓，衆賓不拾取矢也。衆賓受矢，搢三挾一个，由堂西，南行，至三耦之南，東面而立，以北爲上。大夫之耦爲上，在北。

第四節　司射作射請釋獲

司射作射如初。一耦揖升如初。司馬命去侯，獲者許諾。司馬降。釋弓反位。

按：司射作射，一耦揖升，皆如前述。司馬乃升堂，於兩物間，西南面命去侯。獲者于侯北執旌負侯而立，乃應允，諾聲不絕，至於乏西，東面坐，偃旌，興而俟。司馬於是降自西階，適堂西，釋弓，將反位。

司射猶挾一个。去扑。與司馬交于階前。升。請釋獲于賓。

按：司射於司馬降、釋弓之時，亦挾一个以進，至階西，去扑，與將反位之司馬相左於階前。然後升堂，北面請釋算於賓。

賓許。降。搢扑。西面立于所設中之東。北面命釋獲者設中。遂視之。

按：賓既許諾。司射乃降，自階西搢扑，乃反立於將設中之東，西面。再轉北面，命釋獲者（亦弟子之一人，將釋算者，俟于階西之賓黨也。）設中，並且北面視釋獲者設中。「教其釋算，安置左右，及數算告勝負之事。」（賈疏）至於中之形制如下：

張爾岐云：「中，形如伏獸，鑿其背以受八算。」

記云：「君，國中射，則皮樹中，以翿旌獲，白羽與朱羽糅。」鄭注：「皮樹，獸名。」又云：「於郊，則閭中，以旌獲。」鄭注：「閭，獸名。」

又云：「於竟，則虎中，龍旜。大夫，兕中，各以其物獲。士，鹿中，翿旌以獲。」

釋獲者執鹿中。一人執算以從之。

記云：「鹿中，髤，前足跪，鑿背容八算，釋獲者奉之，先首。」

又云：「箭籌八十，長尺，有握，握素。」鄭注：「箭，篠也，籌，算也，籌八十者，略以十耦為正，貴全數，其時衆寡從賓。」「握，本所持處也。素，謂刊之也。」張爾岐云：「箭，竹也，以竹為籌，釋獲者所執之算也。人四矢，耦八籌也。」「握，四指，即四寸，算長尺四寸，其四寸，則刊之使白也。」

按：釋獲者由堂西執鹿中，將設中，另一人執射籌而從之。

釋獲者坐設中。南當楅。西當西序。東面。興。受算。坐。實八算于中。橫委其餘于中西。南末。興。共而俟。

鄭注：「興，還北面取算，反東面實之。」

按：釋獲者執鹿中，至南當楅，西當西序之位，乃東面坐設中于其位，而後興，旋西面，受算，執算者在西，東面授算。釋獲者受算，乃旋東面，坐於中西，實八算于其中，將餘算橫置于中西，末朝南。然後起立，而拱手立于中西，東面以待。此時司射當是西面敎之。而執算者，亦囘原位矣。

司射遂進。由堂下。北面命曰。不貫不釋。上射揖。司射退反位。

按：司射乃北進，至堂下，當上射之位，北面命上射曰：若矢不貫侯中，則不釋算。上射於右物，南面作揖。司射則退反中西南，東面之位。

釋獲者坐取中之八算。改實八算于中。興。執而俟。

鄭注云：「執所取算。」

張爾岐云：「八算者，人四矢，一耦八矢，一矢則一算，實八算，擬後來者用之。」

按：釋獲者東面坐，取中之八算，並改實八算（委於中西者）於中，然後起立，東面，執算而俟。

第五節　三耦釋獲而射

乃射。若中。則釋獲者坐而釋獲。每一个。釋一算。上射於右。下射於左。若有餘算。則反委之。

鄭注：「委之，合於中西。」

張爾岐云：「釋，猶舍也，以所執之算，坐而舍于地。中首東鄉。其南爲右。其北爲左。中西則其後也。」

按：上耦乃射。若中，則釋獲者坐而釋算，每中一矢，舍一算于地，上射若中，則舍算於中之南，下射若中，則舍算於中之北。若尚有餘算（有不中者，不釋。）則合於中西之算，亦南末。

又取中之八算。改實八算于中。興。執而俟。

按：釋獲者，釋算上耦之後，乃取中之八算，另以中西之八算實於中，然後興，東面。執算而俟次耦射也。

三耦卒射。

按：三耦遂卒射，釋獲者釋算亦如初。

第六節　賓主人射

賓主人大夫揖。皆由其階降。

按：主人由阼階，賓、大夫由西階，皆於階上南面揖而後降堂。

揖。主人堂東袒。決。遂。執弓。搢三挾一个。賓於堂西。亦如之。

按：降堂之後，皆南面一揖。然後主人東行至堂東、袒、決、遂、執弓、搢三挾一个。賓則至堂西，亦如此。據弟子納射器云：「賓與大夫之弓，倚于西序……主人之弓矢在東序東。」則此處主人與賓執弓挾矢，當是主人之吏與賓黨取交與主人及賓也。

皆由其階。階下揖。升堂揖。

按：主人由阼階，賓由西階。主人西行及階，西面，賓東行及階，東面，皆一揖，然後主人北轉升堂，，賓亦北轉升堂。皆於階上北面一揖。

主人爲下射。皆當其物。北面揖。及物揖。乃射。

按：主人爲下射。當左物，賓爲上射，當右物。北面一揖，及物又一揖。如前述三耦之儀，乃射。

卒。南面揖。皆由其階。階上揖。降階。揖。

按：主人及賓卒射。乃南面一揖，各至其階上，又南面揖，降階之後，又南面一揖。

賓序西。主人序東。皆釋弓。說決。拾。襲。反位。

按：賓至堂下當西序之西，主人至堂下當東序之東，皆釋弓，各交與賓黨及吏，並脫決、拾、襲衣、及準備反堂上之位。

升。及階揖。升堂揖。皆就席。

鄭注：「賓主人射，大夫止於堂西。」

按：升堂之時，賓主人及階，賓東面，主人西面，互爲一揖，然後升堂，主人阼階上北面，賓西階上北面，皆一揖，而各就其席，大夫尙止於堂西。記云：「大夫降，立于堂西以俟射。」張爾岐云：「賓主人大夫同時降，賓主先射，大夫且立于堂西。其耦在射位，俟當射，大夫乃就其耦，升射。」

第七節　大夫與耦射

大夫袒決遂，執弓。搢三挾一个。由堂西出于司射之西。就其耦。大夫爲下射。

記云：「大夫與士射，袒纁襦。」鄭注：「不肉袒，殊於耦。」

按：大夫於堂西，南面。袒決遂，執弓，搢三挾一个。由堂西，南進，出于司射之西，以就其耦，其耦在射位。大夫則立于其耦之南，東面。以爲下射。

揖進。耦少退。揖如三耦。及階。耦先升。卒射。

記云：「大夫與士射……耦少退于物。」郝敬云：「耦，謂士爲大夫耦。則士居右物爲上射，『每既發一矢，輒少退，辟尊也。』」

按：大夫與其耦，東面揖進，當西階塗。其耦少退，轉北面，則大夫在右，其耦在左。進及階之揖禮，亦如三耦之儀。於西階前，則其耦先升，大夫後升，皆如前述三耦升射之禮，乃卒射，唯射時，大夫之耦當每發一矢，輒少退，俟大夫射，乃進而射，此有別於其他者也。

揖如升射。耦先降。降階。耦少退。

按：卒射降階之儀，亦如初。大夫後降，其耦先降，其耦降階之後，少退，以俟大夫降階，階前南面，大夫在左，其耦在右。

皆釋弓于堂西。襲。

按：大夫及其耦適堂西釋弓，襲，當亦出于司馬之南。

耦遂止堂西。大夫升就席。

按：此言耦則止于堂西，南面立。大夫則升堂就其席也。

第八節　衆賓繼射釋獲告卒射

衆賓繼射。釋獲皆如初。司射所作。唯上耦。

按：衆賓繼大夫與耦射之後，亦射，其儀皆如前述。而司射行作射之禮者，唯上耦而已，餘皆不作射。

卒射。釋獲者遂以所執餘獲。升自西階。盡階。不升堂。告于賓曰。左右卒射。降。反位。坐委餘獲于中西。興。共而俟。

鄭注云：「餘獲，餘算也。無餘算，則空手耳。俟，俟數也。」

按：衆賓卒射之後，復立于堂西。而釋獲者乃由中西，北進，執所餘算，升自西階，至最上階，不升堂。北面告于賓曰：左右卒射，乃降階，反於中西東面之位。坐委餘算於中西。然後興，拱手而立以俟數獲之事。

第九節　司馬命取矢乘矢

司馬袒。決。執弓。升命取矢。如初。獲者許諾。以旌負侯。如初。司馬降。釋弓。反位。弟子委矢。如初。

按：司馬遂至堂西袒，決，執弓，然後升堂，立于物間，西南面命取矢；獲者許諾，執旌負侯而俟；司馬降堂，適堂西釋弓，反位；弟子取矢，北面坐委于楅，乃退。以上之儀節皆如第一番射事取矢委楅之儀。

大夫之矢。則兼束之以茅。上握焉。

鄭注：「兼束大夫矢，優之，是以不拾也。束於握上。則兼取之，順羽便也。握，謂中央也。不束主人矢，不可以殊於賓也。言大夫之矢，則矢有題識也。」

按：弟子委大夫之矢時，將大夫之矢以茅束握上而委於楅。

司馬乘矢如初。

按：司馬進至楅南，北面坐，左右撫矢而乘之，如前述第一番射事之儀也。

第十節 數獲

司射遂適西階西。釋弓。去扑。襲。進由中東。立于中南。北面視算。

按：司射乃由中西南，東面之位，至西階之西，釋弓，去扑，襲衣。而後南進，由中之東，繞至中之南，北面而立以視釋獲者數獲。

釋獲者東面于中西坐。先數右獲。

鄭注云：「固東面矣，復言之者，為其少南就右獲。」張爾岐云：「右獲，上射之獲。」

二算為純。

鄭注云：「純，猶全也，耦陰陽。」正義曰：「耦陰陽者，謂陰陽相合也。」

按：此謂以二算為一純也。

一純以取。實于左手。

按：釋獲者以右手取算，二算為一純，將之交于左手。

十純。則縮而委之。

鄭注云：「縮，從也。於數者，東西為從。」

敖繼公云：「委之，當在所釋右獲之南。」又云：「其縮者東末。」

按：每十純，則將之縱放於所釋右獲之南。矢末朝東。

每委異之。

敖繼公云：「異之者，又在其南。」

按：每十純放置一處，繼而南。不使其相併也。

有餘純。則橫於下。

鄭注云：「又異之也，自近爲下。」

賈疏云：「此則以南北爲橫也。」

敖繼公云：「有餘，不成十者也。下，謂委之西。橫之者，宜變於上純。自二以上，則亦每純異之，以次而西，此橫者，亦南末也。」

按：若不成十純者，則將之橫委於十純之西，矢末向南。

一算爲奇。奇則又縮諸純下。

按：若最後尚餘一算，則爲奇數，而將此一算又縱委於餘純之西，卽釋獲者之前面也。

興。自前適左。東面。

鄭注云：「起，由中東就左獲，少北於故，東面鄉之。」

按：釋獲者數右獲之後，乃起立，由中南，經中東，繞過中北，以至於左獲之前，東面。當在中西，少北也。

坐。兼斂算。實于左手。一純以委。十則異之。其餘如右獲。

張爾岐云：「於右獲，則自地而實於左手，數至十純則委之。於左獲，則自左手而委於地，數至十純則異之。是其變也。其從橫之法則同。」

按：釋獲者東向坐，收左獲於右手，實一純於左手，左手將一純縱委於地，如右獲。以十純爲一堆。滿十純，則另委之，以爲分辨。其餘純則亦如右獲之法或橫或縮。

司射復位。釋獲者遂進。取賢獲。執以升。自西階。盡階。不升堂。告于賓。若右勝。則曰。右賢於左。若左勝。則曰。左賢於右。以純數告。若有奇者。亦曰奇。若左右鈞。則左右皆執一算以告。曰。左右鈞。

鄭注云：「賢獲，勝黨之算也，齊之而取其餘。」

張爾岐云：「賢，猶多也，賢獲所多之算。」

敖繼公云：「既數左獲，少退，當中之正西，校其算之多寡，卒進取其所餘者，二手共執之以升。」

鄭注又云：「假如右勝，告曰：右賢於左若干純，若干奇。」

按：釋獲者數左獲畢，司射乃復中西南，東面之位。釋獲者少退，立於中之正西，然後進，取賢獲所多之算，雙手共執之而北進至西階，升至最上階，不升堂，乃北面告于賓，若右勝，則曰：右賢於左，若干純，若干奇。（如十算則曰五純，九算則曰四純一奇。——朱熹之說）若左右鈞等，則釋獲者左右手各執一算以告，曰：左右鈞。

降。復位。坐兼斂算。實八算於中。委其餘于中西。興，共而俟。

按：釋獲者告于賓之後，乃降階，復中西，東面之位，坐而併收所有之算，並且實八算于中，其餘之算則橫委於中西，末朝南，如司射作射請釋獲章所云：「坐實八算手中，橫委其餘于中西，南末。」然後起立，東面拱手而立以俟後事。

第十一節　飲不勝者

司射適堂西。命弟子設豐。

鄭注：「將飲不勝者，設豐，所以承其爵也，豐形蓋似豆而卑。」

按：司射適堂西，北面命弟子。

弟子奉豐升。設于西楹之西。乃降。

楊大堉云：「設豐，不言面位，據大射儀司宮士奉豐由西階升，北面坐，設于西楹西，則此亦北面設也。」

勝者之弟子。洗觶升酌。南面坐。奠于豐上。降。袒。執弓。反位。

鄭注：「勝者之弟子，其少者也。耦不酌，下無能也。酌者不授爵，略之也。執弓反射位，不俟其黨，已酌，有事。」

敖繼公曰：「弟子不待司射之命而洗觶，升酌者，設豐實觶，其事相因，可知也。此不命之而弟子知其爲勝黨者，蓋於釋獲者升告之時，已與聞之矣。」

吳廷華云：「少，謂勝者之少者，卒射已立于堂西，升酌畢，降立于堂西，與衆射者同奉司射北面之命，遂俱袒決拾，執張弓，反于司射西南之位。」

按：弟子洗觶當是北面。升酌亦北面，惟奠觶于豐上則南面。其言降，袒執弓，當是出于司馬之南。適堂西袒、執弓也。言反位者，反於司射西南，東面之位也。

司射遂袒。執弓。挾一个。搢扑。北面于三耦之南。命三耦及衆賓。勝者皆袒。決。遂。執張弓。不勝者皆襲。說決。拾。卻左手。右加弛弓于其上。遂以執弣。

按：司射乃適堂西。袒，執弓，挾一个，搢扑。北面立于三耦之南，命三耦及衆賓，其勝者，皆袒，決，遂，執張弓。不勝者皆襲衣，不決，拾，卻左手，右手將弛弓加於左手，然後右手亦卻而執弓，兩手皆執弣，不得執弦。

司射先反位。三耦及衆射者。皆與其耦進。立于射位。北上。司射作升飲者。如作射。

按：司射先反位，三耦及衆射者，皆與其耦南進。立于司馬西南，東面之位。以北爲上。司射作升飲者，如作射之儀。

一耦進揖。如升射。及階。勝者先升堂。少右。

鄭注：「少右，辟飲者也，亦相飲之位。」

賈疏云：「相飲者，皆北面於西階，授者在東，飲者在西。」朱子曰：「謂飲之者立于飲者之右也。」

按：一耦揖進，升堂之儀如升射之儀。惟勝者先升堂，少右立于西階之上，北面，不勝者繼升堂，立于西階上，勝者之左，北面。

不勝者進。北面坐取豐上之觶。興。少退。立卒觶。進。坐奠觶于豐下。興。揖。

按：不勝者北面進，坐於豐南，取豐上之觶，起立，稍退於原位，立飲，卒觶，然後再北進，坐下將觶置於豐左。起立，北面一揖，再退回勝者之左，北面之位。

不勝者先降。

鄭注：「後升先降。略之，不由次。」

與升飲者相左。交于階前。相揖。出于司馬之南。遂適堂西。釋弓。襲而俟。

按：一耦降堂，與另一升飲之耦相左于階前，升飲者在東，北面。降堂者在西，南面。相左之時，皆一揖。降堂之耦，乃出于司馬之南，北迴，適堂西，釋弓，襲衣，南面立于堂西而俟。

有執爵者。執爵者坐取觶實之。反奠于豐上。升飲者如初。三耦卒飲。

鄭注：「主人使贊者代弟子酌也，於既升飲，而升自西階，立于序端。」主人之贊者本立于阼階下西面，至升飲之禮，則由西階升堂，立于西序端，東面，以爲照應。

按：有執爵者，由西序端至豐北，南面坐，取觶，賓酒，亦南面坐，奠觶於豐上。升飲者如初，升堂飲酒而降。如是再三，以至於徧。

賓主人大夫不勝。則不執弓。執爵者取觶。降洗。升實之。

按：賓，主人，大夫，其不勝者，則不執弓。執爵者取豐下之觶，降自西階，北面而洗，然後升堂，實觶。

以授于席前。受觶。以適西階上。北面立飲。卒觶。

敖繼公云：「上射勝，則酌主人，大夫；下射勝，則酌賓。」

記云：「主人亦飲于西階上。」

按：執爵者授觶於席前之面向，於主人則有東面，東南、東北三種可能；於賓則有西北、北面二種可能；於大夫則有東北、北面二種情形。今假設其授主人爲東面授，主人西面受。授賓爲西北面授，賓南面受。授大夫爲東北面授，大夫南面受。受觶者（主人，賓，大夫）乃至西階上，北面立飲，卒觶。

授執爵者。反就席。

按：飲者北面授觶，執爵者南面受觶。

大夫飲。則耦不升。若大夫之耦不勝。則亦執弛弓。特升飲。

按：大夫飲，其耦不升，儀如主人、賓之禮。若大夫之耦不勝，則亦執弛弓，特爲升堂而飲。

衆賓繼飲射爵者辯。乃徹豐與觶。

郝敬云：「射爵，即罰爵也。」

鄭注：「徹，猶除也，設豐者，反豐於堂西。執爵者，反觶於篚。」

按：衆賓繼而升飲，如是以徧，乃命弟子徹豐，反於堂西，執爵者，執觶降堂，奠觶於下篚，反其阼階下西面之位。

第十二節　司馬獻獲者

司馬洗爵。升實之以降。獻獲者于侯。

按：司馬乃由司射之南，東面之位，至洗，北面洗爵，升自西階，實酒乃降，將準備獻獲者于侯也。

薦脯醢。設折俎。俎與薦皆三祭。

記云：「獲者之俎，折脊脅肺臑。」

鄭注云：「皆三祭，爲其將祭侯也。祭侯，三處也。」又云：「其設薦俎，西面錯，以南爲上，爲受爵于侯，薦之於位。」

賈疏云：「三處，下文右與左中是也。」（卽右个，左个與中三處。）

張爾岐云：「皆三祭，脯之半脡，俎之離肺，皆三也。」

獲者負侯。北面拜受爵。司馬西面拜送爵。

鄭注：「負侯，負侯中也。拜送爵不同面者，辟正主也。」

按：獲者乃至侯北，負侯而立。於侯中，北面受爵。行拜受爵之禮。司馬西面授爵，行拜送爵之禮。

獲者執爵。使人執其薦與俎。從之。適右个。設薦俎。

鄭注：「人，謂主人贊者，上設薦俎者也。爲設籩在東，豆在西，俎當其北也。言使設，新之。」

張爾岐曰：「侯東方幹爲右个，以北面爲正也。」

獲者南面坐。右執爵。祭脯醢。執爵興。取肺。坐祭。遂祭酒。

太射曰：「獲者左執爵，右祭薦俎，二手祭酒。」

鄭注曰：「祭俎不奠爵，不備禮也。二手祭酒者，獲者南面於俎北，當爲侯祭於豆間，爵反注。爲一手不能正也。」

按：此處祭薦俎，祭酒，當亦如大射之儀。

興。適左个，中亦如之。

大射云：「適左个，祭如右個，中亦如之。」

按：此卽上文所謂三祭。

左個之西北三步。東面設薦俎。

鄭注：「左个之西北三步，東面設薦，是薦之於位。」

按：此乃爲獲者設薦俎也，設者西面而置，離右个之西北三步。薦俎以東方爲正面也。

獲者薦右。東面立飲。不拜既爵。

鄭注：「不就乏者，明其享侯之餘也。立飲薦右，近司馬。於是司馬北面。」

司馬受爵。奠于篚。復位。

按：獲者於薦右（卽薦南），東面立飲，不拜而卒酒，司馬此時於獲者之南、北面。乃受爵，至篚南。北面奠於篚，復反司射之南，東面之位。

獲者執其薦。使人執俎從之。辟設于乏南。

鄭注云：「遷設薦俎就乏，明己所得禮也。言辟之者，辟舉旌偃旌也。設于南，右之也。」

敖繼公云：「辟如辟奠之辟，謂離於故處也。此改設於乏南，故云辟設。必就乏者，宜近其位也。不當其位，辟旌。」

按：敖說頗當。獲者執其薦，使人執俎從之，設薦俎於乏南，設者西面，薦俎當亦東面。至此，設者乃復其原位。

獲者負侯而俟。

敖繼公云：「俟，俟命去侯。」

張爾岐云：「俟後復射也。」

按：獲者乃至侯，北面負侯而立。以俟後事也。

第十三節　司射獻釋獲者

司射適階西。釋弓矢。去扑。說決。拾。襲。

盛世佐云：「階西，司射倚弓矢與扑之所，說決拾、襲，當于堂西，不言者，從省文。」

按：司射由其位，至階西釋弓矢，去扑。至堂西脫決拾，襲衣也。

適洗。洗爵。

按：當是北面洗爵。

升實之。以降。獻釋獲者于其位。少南。薦脯醢。折俎。有祭。

鄭注云：「不當其位，辟中。」

敖繼公云：「有祭脯與切肺也。」

楊大堉云：「釋獲者之位，在中西本位也。少南，就其薦也。薦右也，司射之西也，辟薦少西也。」

賈疏云：「以釋獲者位在中西，故獻之於其位少南，所以辟中也。」

敖繼公云：「司射之西，則又少南於薦西之位矣。」

按：據各家之說，當可推測司射於升堂實爵之後，降自西階，乃行至中南，北面而立。將以獻釋獲者。此時，亦爲釋獲者設薦俎，其所設之位，當在近中南之處，司射之北或稍偏西北方，亦東面而設。

釋獲者薦右東面拜受爵。司射北面拜送爵。釋獲者就其薦。坐。

按：釋獲者乃至薦南，東面行拜受爵之禮。司射於其位北面行拜送爵之禮，釋獲者受爵，反就其薦西，東面而坐。

左執爵。祭脯醢。興。取肺。坐祭。遂祭酒。興。

按：此儀節如獻獲者。

司射之西。北面立飲。不拜既爵。

敖繼公云：「蓋與司射俱北面，則宜並立也。」

按：釋獲者乃就司射之西，北面立飲，不拜既爵。

司射受爵。奠于篚。

按：司射當是北面受爵，至篚亦北面而奠之。乃反中西南，東面之位。

釋獲者少西辟薦。反位。

鄭注：「辟薦少西之者，爲復射。妨司射視算也，亦辟俎。」

正義云：「據上獻獲者，獲者執其薦，使人執其俎從之，辟射于乏南，是辟薦兼辟俎也。此但云辟薦，不云辟俎，省文耳。」

按：釋獲者亦如獲者，將薦俎改設於少西之處。乃反中西，東面之位。

第五章　第三番射事

第一節　司射又請射命耦反射位

司射適堂西。袒決遂。取弓於階西。挾一个。搢扑。以反位。

鄭注：「爲將復射。」

按：此將行第三番射事，司射至堂西，北面袒決遂，取弓于階西。挾一个，插扑。然後反中西南，東面之位。

司射去扑。倚于階西。升請射于賓。如初。

按：司射請射當是北面，其儀式如初。

賓許。司射降。搢扑。由司馬之南適堂西。命三耦及衆賓，皆袒決遂。執弓。就位。

鄭注：「位，射位也。」即司馬之西南，東面之位也。

按：賓既許，則司射降階，于階西插扑，由司馬之南，北廻，至堂西，北面命三耦等袒決遂，執弓，就位，三耦及衆賓則于堂西，南面受命。

司射先反位。

鄭注：「言先三耦及衆賓也。旣命之，卽反位，不俟之也。」

三耦及衆賓。皆袒決遂。執弓。各以其耦進。反于射位。

張爾岐云：「射者堂不凡三位，堂西，南面，比耦之位；司射西南，東面，三耦初射之位；司馬西南，東面，則拾取矢以後至終射之位也。」

按：此言三耦及衆賓，待司射反位之後，乃袒決遂、執弓，各與其耦南進，反於一、二番射事所立之射位。

第二節　三耦賓主人大夫衆賓皆拾取矢

司射作拾取矢。三耦拾取矢如初。反位。

按：司射西面作拾取矢。三耦進拾取矢，如前所述，乃反射位。

賓主人大夫降。揖如初。主人堂東，賓堂西。皆袒決遂。執弓。皆進。階前揖。及楅揖。拾取矢如三耦。卒。

按：賓主人大夫皆降，大夫就堂西，南面立。主人在堂東，賓在堂西，皆袒決遂，然後主人西面進至阼階前，賓東面至西階前，「南面相俟而揖行」（鄭注），至楅，當楅之東西，「主人西面，賓東面，相揖，拾取矢。」（鄭注）如三耦之儀。

北面搢三挾一个。揖退。

鄭注：「亦於三耦爲之位。」張爾岐云：「與三耦搢三挾一之處同也。」

鄭注又云：「皆已揖左還，各由其塗反位。」

按：主人反堂東之位，賓反堂西之位。

賓堂西。主人堂東。皆釋弓矢。襲。及階揖。升堂。就席。

按：及階揖者，當是主人西面，賓東面。

大夫袒決遂。執弓。就其耦。

鄭注云：「降袒決遂於堂西，就其耦於射位，與之拾取矢。」

按：大夫就其耦之南，東面也。

揖皆進。如三耦。

按：大夫與其耦皆東面揖，進及楅，如三耦之儀。

耦東面。大夫西面。

按：大夫立於楅東，西面。其耦立於楅西，東面。

大夫進。坐說矢束。興反位。而后耦揖進。坐兼取乘矢。順羽而興。反位。揖。

記云：「大夫說矢束，坐說之。」

按：大夫進，西面坐說束矢。然後起立反回原來西面之位。而後耦亦揖進，東面坐兼取乘矢，順羽而興，反回原來東面之位，並作一揖。

大夫進坐。亦兼取乘矢。如其耦。

按：大夫進，西面坐，亦兼取乘矢，順羽而興，反位。如其耦之儀。

北面搢三挾一个。

按：亦如三耦爲之之位，卽楅南，北面，當楅之位也。

揖退。耦反位。大夫遂適序西。釋弓矢。襲。升卽席。

按：大夫與其耦搢三挾一个之後，皆北面揖。而後退反位，耦反射位，大夫則適堂下當西序之西。（堂西），釋弓矢，襲衣，升卽其席。

衆賓繼拾取矢。皆如三耦。以反位。

按：衆賓亦如三耦之儀，繼拾取矢，復反射位。

第三節　司射請以樂節射

司射猶挾一個以進。作上射如初。

鄭注：「進，前也。鄉言還當上耦西面，是言進，終始互相明也。」

一耦揖升如初。

按：一耦揖升如前述三耦射之儀，上射當右物，下 左物。

司馬升。命去侯。獲者許諾。司馬降。釋弓。反位 司射與司馬交于階前。去扑。襲。

按：司馬升，立于兩物間，西南面命去侯，獲者執旌，許諾，退于乏，東面而俟。司馬降，出于司射之南，適堂西釋弓，將反位時，與司射交于西階前，皆如上述三耦射時之儀。司馬反司射南、東面之位，司射乃至階西去扑，襲衣。

升。請以樂樂于賓。賓許諾。司射降。搢扑。東面命樂正曰。請以樂樂于賓。賓許。

按：司射乃升西階，階上北面請以樂樂賓。賓於其席上，南面應許。司射卽降階，于階西搢扑。並「於西階之前」（鄭注）東面命樂正曰：「請以樂樂于賓，賓許。」樂正阼階下之東南，北面立于樂工之南。（見樂正遷樂）此時「樂正亦許諾，猶北面不還。」（鄭注）

司射遂適階間。堂下北面命曰。不鼓不釋。

鄭注：「不與鼓節相應，不釋算也。鄉射之鼓五節，歌五終，所以將八矢，一節之間，當矢發，四節四拾，其一節先以聽也。」

按：司射乃由階前，適兩階之間，堂下北面而命上耦曰：不鼓不釋。

上射揖。司射退反位。

按：上射南面揖以爲答。司射乃退反中西南、東面之位。

樂正東面命大師曰。奏騶虞。間若一。

鄭注：「東面者，進還鄉大師也。」

敖繼公云：「言命大師者，見所命者必其長也。此惟據有大師者言之。」

鄭注又云：「騶虞，國風召南之詩篇也。射義曰：騶虞者，樂官備也，其詩有「一發五豝，五豵，于嗟騶虞」之言，樂得賢者衆多，歎思至仁之人，以充其官，此天子之射節也。而用之者，方有樂賢之志，取其宜也。其他賓客，鄉大夫則歌采蘋。」

又云：「間若一者，重節也。」

記云：「歌騶虞，若采蘋，皆五終，射無算。」鄭注云：「謂衆賓繼射者，衆賓無數也。每一耦射，歌五終也。」

禮記射義云：「其節天子以騶虞爲節，諸侯以貍首爲節，卿大夫以采蘋爲節，士以采蘩爲節。」

按：此鄉射言騶虞，與禮記所載有所出入，然吾人基於「三禮乃儒家之思想，或非事實」及「時間、空間之不同，或有所別」的立場，不必強以禮記之言以糾正儀禮之說。此處仍以騶虞爲樂。又記云：「歌騶虞」當知奏，歌相成。其樂器則鐘磬齊奏，瑟伴琴。又此樂爲節射，司射言「不鼓不釋」，當亦有鼓。所以奏「騶虞」應當是歌、縣樂、瑟、鼓並行。而其演奏之法，所謂「間若一」者，乃重節也。賈疏云：「謂五節之間，長短希數皆如一。」

大師不興。許諾。樂正退反位。

按：大師西面坐，不興，受命。樂正乃告退反工南、北面之位。

第四節　三耦賓主人大夫衆賓以樂射

乃奏騶虞以射。三耦卒射。

按：於是奏騶虞以節射，三耦遂如前述，皆應鼓與歌之節而射。

賓主人大夫衆賓繼射。釋獲如初。卒射。降

鄭注：「皆應鼓與歌之節，乃釋算。降者，衆賓。」

張爾岐云：「賓、主人、大夫，卒射皆升堂。」

釋獲者執餘獲升。告左右卒射。如初。

鄭注云：「今文曰告於賓。」

胡承珙古今文疏義曰：「案上文已云卒射，釋獲者遂以所執餘獲，升自西階，盡階，不升堂，告于賓曰：左右卒射矣。此云升告左右卒射如初，亦是告于賓，不言可知。」

按：此亦當是盡階北面而告。

第五節　樂射取矢數矢

司馬升。命取矢。獲者許諾。司馬降。釋弓反位。弟子委矢。司馬乘之。皆如初。

按：此乃預備拾取矢授有司之用。其儀節皆如前取矢數矢。故從略。

第六節　樂視射算告獲

司射釋弓視算。如初。

按：司射適階西，釋弓，去扑，襲，進由中東，立于中南，北面視算之儀如前所述。

釋獲者以賢獲與鈞告。如初。降復位。

敖繼公云：「言如初，又言降復位。爲司射命設豐之節也。亦以見其所如者止於此，無復實算於中之事矣，蓋以其不復射故也。」

第七節　樂射飲不勝者

司射命設豐。設豐實觶如初。遂命勝者執張弓。不勝者執弛弓。升飲。如初。

按：司射適堂西，命弟子設豐，弟子奉豐升設于西楹之西，勝者之弟子洗觶，升酌，南面坐奠于豐上。及其勝者執張弓，不勝者執弛弓，司射作升飲者，乃至於升飲之禮，皆如前述飲不勝者章。

第八節　拾取矢授有司

司射猶袒決遂。左執弓。右執一个。兼諸弦。面鏃。適堂西以命拾取矢。如初。

鄭注：「側持弦矢曰執。面、猶尚也。并矢於弦。尚其鏃，將止，變於射也。」

張爾岐云：「方持弦矢曰挾者，矢橫弦上而持之。側持弦矢曰執者，矢順並於弦而持之，尚其鏃者，鏃向上也。」

司射反位。三耦及賓主人大夫衆賓。皆袒決遂。拾取矢。如初。

按：司射命拾取矢之後，乃反中西南、東面之位。三耦及賓、主人、大夫、衆賓皆袒決遂，拾取矢，其儀節如前。

矢不挾。兼諸弦弣以退。不反位。遂授有司於堂西。

鄭注：「不挾，亦皆執之如司射也。不以反射位，授有司者，射禮畢。」

張爾岐云：「兼諸弦弣，疏以爲一矢並於弦，三矢並於弣。」

按：弟子納射器云：「乃納射器，皆在堂西。」此處言不反位，乃拾取矢之後，皆於堂西，授於有司，不反射位也。

辯拾取矢。揖。皆升就席。

鄭注：「謂賓，大夫及衆賓也，相俟堂西，進立於西階之前。主人以賓揖升。大夫及衆賓從升，立時，少退於大夫。三耦及弟子、自若留下。」

張爾岐云：「衆賓，謂堂上之三賓。」

按：賓、大夫、衆賓授矢於有司之後，皆堂西、南面而俟。

第九節　退諸射器

司射乃適堂西。釋弓。去扑。說決拾。襲。反位。

張爾岐云：「司射扑在階西，今於堂西釋弓，亦去扑，以不復射也。」

按：司射乃出於司馬之南，以適堂西，釋弓，去扑，脫決拾，襲衣，再反中西南、東面之位。

司馬命弟子說侯之左下綱而釋之。

鄭注：「說，解也。釋之，不復射，奄束之。」

按：司馬乃至西階前，西面命弟子解開侯之左下綱，將中奄束，不復射也。

命獲者以旌退。命弟子退福。

按：獲者於取矢之時，已以旌負侯、北面而立。今司馬命獲者退之位置有二：一爲上堂，西南而命，一爲堂下西南面或南面而命。余以爲當是堂上西南面命。又命退楅則亦當於楅南，北面而命也。

司射命釋獲者退中與算。而俟。

鄭注云：「諸所退，皆俟堂西。備復射也。」又云：「獲者；釋獲者亦退其薦俎。」

張爾岐云：「註云備後射者，旅酬後，容欲燕射也。」

按：司射當於中東，西面命釋獲者退中與算。至此射事已畢。

第六章　射後飲酒禮

第一節　旅　酬

司馬反爲司正。退復觶南而立。

鄭注：「當監旅酬。」

按：司馬反復爲司正之職，退立於中庭觶南、北面。

樂正命弟子贊工卽位。

按：相者立於階西，南面。此樂正當至西階西，北面而命也。

弟子相工。如其降也。升自西階。反坐。

鄭注：「樂正反自西階東，北面。」張爾岐云：「西階東，北面，樂正告樂備後降立之位，遷樂于下，則立阼階東南，北面。今當命弟子，又復來此也。」

鄭注又云：「贊工，遷樂也。」

按：弟子乃至阼階下東南之處，相工升自西階，反于其階東，北面之席。弟子復降立于階西。樂正則復于西階東，北面之位。

賓北面坐。取俎西之觶興。阼階上北面酬主人。

張爾岐云：「俎西之觶，將射前，一人舉觶于賓，賓奠于薦西者也。」

按：賓乃降席，於俎南，北面坐，取俎西之觶而興，行至阼階上，北面而酬主人。

主人降席。立于賓東。

按：主人亦降席，北面立于賓之東。

賓坐奠觶。拜。執觶興。主人答拜。賓不祭。卒觶。不拜。

按：賓于阼階上，主人之西，北面坐奠觶，北面一拜，執觶而興，主人亦北面答拜，賓不祭酒，乃飲，卒觶，亦不拜。

不洗。實之。進東南面。主人阼階上北面拜。賓少退。主人進受觶。賓。主人之西。北面拜送。賓揖就席。

記云：「凡旅，不洗，不洗者，不祭，既旅，士不入。」

按：賓卒觶之後，不洗觶，乃至尊壺實酒，南進，立于主人之西北，東南面獻觶，主人於阼階上北面一拜，賓少退，主人乃進而受觶，再退回阼階上北面之位。賓即行至主人之西，北面行拜送觶之禮，並再一揖，而復其席位。

主人以觶適西階上酬大夫。大夫降席。立于主人之西。如賓酬主人之禮。主人揖就席。若無大夫，則長受酬。亦如之。

按：主人執觶適西階北面酬大夫，大夫降席，立于主人之西，主人坐奠觶，拜，執觶興，大夫答拜，主人不祭，卒觶，不拜，不洗，實之，進西南面（鄭注），大夫西階上北面拜，主人少退，大夫進受觶。主人至大夫之東，北面拜送，並一揖而就席。若無大夫，則以「長幼之次酬衆賓」，亦如此禮儀。

司正升自西階相旅。作受酬者曰。某酬某子。

鄭注云：「某者，字也；某子者，氏也。稱酬者之字，受酬者曰某子。旅酬下爲上，尊之也。春秋傳曰：『字不若子』。此言某酬某子者，射禮略於飲酒，飲酒言某子受酬，以飲酒爲主。」

又云：「始升相，立階西，北面。」

按：司正乃由中庭，自西階升堂，於西階西，北面命曰：某酬某子。

受酬者降席。司正退立于西洗端。東面。

鄭注云：「退立，俟後酬者也。」

衆受酬者。拜興飲。皆如賓酬主人之禮。辯。

按：衆受酬者于西階上北面受酬，其拜，興、飲、皆如賓酬主人之禮，如此以遍酬之。

遂酬在下者。皆升受酬于西階上。

鄭注：「在下，謂賓黨也。鄉飲酒記曰：主人之贊者，西面北上，不與，無算爵然後與。此異於賓。」

按：既酬堂上，又及堂下，無不徧也。

卒受者以觶降。奠于篚。

按：最後受酬之一人，執其觶降，北面坐奠觶於堂下之篚，仍復原位。又記云：「古者，於旅也語。」鄭注曰：「禮成樂備，乃可以言語，先王禮樂之道也。」可知旅酬之時，乃可以相互交談也。

第二節　司正使二人舉觶

司正降復位。使二人舉觶于賓與大夫。

鄭注云：「二人，主人之贊者。」

按：司正由西序端東面之位，自西階降，復中庭觶南之位，北面。並使主人之贊者二人（阼階下，西面之位）舉觶于賓及大夫。司正使二人時，東面而命也。（另一可能者，北面而命也。）

舉觶者皆洗觶。升實之。

按：洗觶當是北面，升堂自西階。

西階上北面。皆坐奠觶。拜。執觶興。賓與大夫皆席末答拜。

按：舉觶者實觶之後，於西階上北面，以東爲上（見下文「皆立于西階上，北面東上」可知），皆坐奠觶。北面而拜。執觶興。賓及大夫皆于席末，南面而答拜。

舉觶者皆坐祭。遂飲。卒觶。興。坐奠觶。拜。執觶興。賓與大夫皆答拜。

按：舉觶者北面，賓與大夫南面行禮，如鄉飲之二人舉觶。

舉觶者逆降。洗。升實觶。皆立于西階上。北面東上。

按：逆降者，二人先後之序，與升時相反。

賓與大夫拜。舉觶者皆進。坐奠于薦右。

按：賓與大夫皆南面拜。舉觶者進，坐奠觶于薦右，即奠於薦西也。鄉飲二人舉觶疏云：「一人之賓所，奠觶于薦西；一人之介所，奠觶于薦南。」據此，當知此處亦是一人至大夫所，一人至賓所，皆北面，坐奠于薦西。至大夫所者當是在左者，至賓所者當是在右者。鄭注云：「坐奠之，不敢授。」此以贊者位卑，故不敢授也。

賓與大夫辭。坐受觶以興。

鄭注云：「辭，辭其坐奠觶。」

正義云：「必辭者，賓與大夫不敢以尊自居也。」

舉觶者退反位。皆拜送。乃降。

按：舉觶者皆退反西階上北面之位，乃行拜送禮，而後降堂復位。

賓與大夫坐。反奠于其所。興。

按：賓與大夫坐，反奠觶于薦西，然後興。

若無大夫。則唯賓。

鄭注云：「長一人舉觶，如燕禮媵爵之為。」

第三節　請坐燕因徹俎

司正升自西階。阼階上受命于主人。適西階上北面請坐于賓。

鄭注云：「請坐，欲與賓燕，盡殷勤也。至此，盛禮已成，酒清肴乾，強有力者猶倦焉。」

按：司正升自西階，至阼階上北面，請命于主人，然後至西階上北面請坐于賓。

賓辭以俎。

鄭注云：「俎者，肴之貴者也，辭之者，不敢以燕坐褻貴肴。」

按：賓於席上南面辭俎。

反命于主人。主人曰。請徹俎。賓許。

韋協夢云：「上言請坐于賓，亦傳主人之辭也，下言主人曰，亦傳辭于賓也。」

按：司正反阼階請命，主人曰請徹俎。司正復至西階上傳主人之辭，賓南面應許。

司正降自西階。階前命弟子俟徹俎。

鄭注：「弟子，賓黨也。俎者，主人贊者設之。今賓辭之，使其黨俟徹，順賓意也。」

按：司正降自西階，於階前北面而命弟子也。弟子於西階下，南面之位。

司正升。立于序端。賓降席。北面。主人降席自南方。阼階上北面。大夫降席。席東南面。

按：司正升自西階，立於西序端，北面。賓降席，立於席南，北面。主人降席自南方，立于阼階上北面。大夫降席，立于席東南面。弟子此時亦升而準備受俎。

賓取俎，還授司正。司正以降。自西階。賓從之降。遂立于階西。東面。司正以俎出授從者。

鄭注：「授賓家從來者也。古者與人飲食，必歸其盛者，所以厚禮之。」又云：「凡言還者，明取俎各自鄉其席。」

按：賓北面取俎，旋，南面授司正。司正受俎而降自西階，並出門以俎授賓之從來者。賓亦隨司正之後而降，立於西階西，東面。

主人取俎。還授弟子。弟子受俎。降自西階以東。主人降自阼階。西面立。

鄭注云：「以東，授主人侍者。」

按：主人東面取俎，旋，西面授與弟子。弟子降自西階，並至阼階下，將俎授與主人之侍者。主人亦同時降自阼階，立于阼階下西面。

大夫取俎。還授弟子。弟子以降。自西階。遂出授從者。大夫從之降。立于賓南。

按：大夫北面取俎，旋，南面授與弟子，弟子降自西階，並出門授俎與大夫之從來者。大夫亦隨之而降自西階，立于賓南，東面。

衆賓皆降。立于大夫之南。少退。北上。

按：鄭注：「從降，亦為將燕。」當知衆賓亦徹俎，而降自西階，立于大夫之南，東面。少退，以北為上。此即主人，賓、大夫、衆賓皆復初入之位也。

第四節　坐燕無算爵無算樂

主人以賓揖讓。說屨。乃升。大夫及衆賓說屨。升。坐。

鄭注：「說屨者，將坐。空屨褻賤，不宜在堂也。說屨則摳衣。為其被地。」

賈疏云：「尊卑在室，則尊者說屨在戶內，其餘說屨於戶外。尊卑在堂，則亦尊者一人說屨在堂，其餘說堂下。是以燕禮、大射、臣皆說屨階下，公不見說屨之文，明公舄在堂。此鄉射酒，賓、主人行敵禮，故皆說屨堂下也。」

按：主人與賓皆於堂下脫屨，然後北面當階，揖讓而升，就席。大夫及衆賓亦皆脫屨堂下，升而就席。

乃羞。

鄭注：「羞，進也。所進者，狗胾醢也。燕設啗具，所以案酒。」（案酒卽今所謂「下酒」也）

無算爵。

鄉飲坐燕鄭注云：「算，數也，賓主燕飲，爵行無數，醉而止也。」

使二人舉觶。

鄭注：「二人，謂鄉者二人也，使之升立于西階上，賓與大夫將旅，當執觶也。」

按：使鄉舉觶之二人，升立於西階上北面，以東爲上。其命者，當是司正。（敖繼公云：「使之，亦司正也。」）如二人舉觶之禮。

賓與大夫不興。取奠觶飲。卒觶不拜。

按：賓與大夫皆不興，取二人舉觶時所奠于薦右之觶，卒飲而皆不拜。鄭注云：「卒觶者，固不拜矣。」

執觶者受觶。遂實之。

按：執觶者北面受觶於席前，遂至尊壺實酒。

賓觶。以之主人。大夫之觶。長受。而錯。皆不拜。辯。

鄭注云：「錯者，實主人之觶，以之次賓也。實賓長之觶，以之次大夫。其或多者，迭飲於坐而已。皆不拜受。禮又殺也。」

張爾岐云：「大夫與衆賓等，則得交相酬，或大夫多於賓，或賓多於大夫，則多者無所酬，自與其黨迭飲也。」

胡肇昕云：「錯之爲義，言其交錯也。以二觶交錯相酬，始易盡旅酬之法。」

按：此間賓、主人、大夫（或衆大夫），衆賓無算爵之時，當是由二人執觶交錯而旅也。

卒受者興。以旅在下者。于西階上。

鄭注：「衆賓之末，飲而酬主人之贊者；大夫之末，飲而酬賓黨，亦錯焉。不使執觶者酌，以其將旅酬，不以己尊於人也。其末若皆衆賓，則先酬主人之贊者；若皆大夫，則先酬賓黨而已。執觶者酌在上辯，降復位。」

按：衆賓或大夫之卒受者，卒觶之後，執觶興，以備旅在下者。此時向之執觶者，乃自西階降堂，復阼階下，西面之位。所旅在下者，包括賓黨及主人之贊者也。其受旅之位，皆于西階上，北面。

長受酬。酬者不拜。乃飲。卒觶。以實之。受酬者不拜受。

按：在下者升堂受旅，亦有次序，其長者先升堂受酬。受酬者於西階上，北面受觶。而酬者西南面授觶之後，轉立於受酬者之右，北面而不行拜送觶之禮。受酬者不行拜受觶之禮，乃飲酒卒觶。而此受酬者並執觶至尊壺處實酒，反西階上，西南面酬次一人，如此依次而酬也。

辯旅。皆不拜。

鄭注：「主人之贊者，於此始旅，嫌有拜。」

執觶者皆與旅。

鄭注：「嫌已飲，不復飲也，上使之勸人耳，非逮下之惠也。亦自以齒與於旅也。」

按：向之二人執觶者，此時亦參與在下者升堂受旅之列也。

卒受者以虛觶降。奠于篚。

張爾岐云：「旅於西階上，故卒受者降奠觶。」

按：最末之受酬者，卒觶之後，則執其觶而降堂，將觶奠於篚，其奠篚當在篚南，北面。若最末受酬者爲向舉觶之二人，則卒受者即執觶者也。

執觶者洗。升。實觶。反奠于賓與大夫。

鄭注云：「復奠之者，燕以飲酒爲歡，醉乃止。主人之意也。」
張爾岐云：「復奠于賓大夫者，當復相酬以徧，所謂無算爵也。」
按：向舉觶之二人，復由篚中取觶，洗之，然後自西階升堂，實觶，復奠於賓及大夫之薦西。以行無算爵之儀。

無算樂。

鄭注云：「合鄉樂，無次數。」

第七章 送賓拜賜息司正

第一節 賓出送賓

賓興。樂正命奏陔。

鄭注：「陔，陔夏，其詩亡，周禮賓醉而出，奏陔夏，陔夏者，王子諸侯以鐘鼓；大夫士，鼓而已。」

按：樂正當是升堂，西階上工席之西，北面命也。

賓降及階。陔作。

按：賓降自西階，當其及階之時，樂工乃奏陔夏。

賓出。衆賓皆出。主人送于門外。再拜。

按：賓降階出門外，衆賓亦隨之而降階出門。鄭注云：「拜送賓于門東，西面。」則賓立于門西，東面，衆賓當於賓南，東面，以北爲上也。主人於門東，西面行再拜之禮，賓及衆賓皆不答拜。鄭注謂：「賓不答拜，禮有終。」至於大夫之出，記云：「大夫後出，主人送于門外，再拜。」鄭注云：「主人送賓（與衆賓）還，入門揖，大夫乃出，拜送之。」此送賓之禮，主人門東，西面再拜，大夫門西，東面，不答拜。

第二節　明日拜賜

明日。賓朝服，以拜賜于門外。

鄭注云：「拜賜，謝恩惠也。」

按：賓於次日，著朝服，至主人之門外，立于門西，東面，拜謝主人之恩。

主人不見。

鄭注：「不見，不褻禮也。」

賈疏云：「禮不欲數，數則瀆。主人不見，恐相褻也。」

方苞云：「別記云：無辭不相接也。鄉飲酒及射禮既畢，更無辭可致，故拜於門外，而不見。」

敖繼公云：「拜賜之禮，賓至於門外，擯者出請，入告，主人辭不見。賓乃拜。」

按：賓來拜賜，主人不出見也。

如賓服。遂從之；拜辱于門外。乃退。

鄭注：「拜辱，謝其自屈辱。」

敖繼公云：「主人拜辱，亦如之。」
按：賓退之後，主人乃著朝服，隨之而至賓之門外，立于門西，東面，行拜辱之禮，賓亦辭不見。主人乃退。

第三節　息司正

主人釋服。乃息司正。
鄭注云：「釋服，說朝服，服玄端也。息，猶勞也。勞司正，謂賓之，與之飲酒，以其昨日尤勞倦也。月令曰：勞農以休息之。」
按：主人由賓處拜辱而退，乃脫朝服，着玄端，準備息司正也。

無介。
鄭注：「勞禮略，貶於飲酒也。」
賈疏：「謂貶於鄉飲酒，鄉飲酒有介，此爲介也。」

不殺。
鄭注云：「無俎故也。」

使人速。

鄭注云：「速、召賓。」

正義云：「賓即司正也。敖氏云：『亦當使人戒乃速。經文略也。』」

迎于門外。

按：主人息司正，以司正爲賓。迎于門外，主人當在門東，西面。司正當在門西，東面。

不拜。入。升。不拜至。

按：主人迎司正於門外，不拜即入，升堂，亦不行迎賓拜至之禮。

按：主人當如迎賓拜至之禮，坐取爵于篚，降洗，升實之以獻司正，司正不行拜洗爵之禮。

不拜洗。

按：此司正之位，當於昨日賓之位。所薦售脯醢，無俎。

薦脯醢。無俎。

敖繼公云：「不崇酒，則賓亦不告旨矣。不拜衆賓，謂不拜之於庭，指將獻之時也。若獻則衆賓亦拜受爵，而主人答之。」

按：主人獻司正（賓），獻衆賓之禮，當如前述主人獻賓，賓酢主人，主人獻衆賓等儀式。其不同之處唯主人不崇酒，賓不告旨，主人不拜衆賓於庭而已。此衆賓乃今日另請參與此禮之衆

賓酢主人。主人不崇酒。不拜衆賓。

賓，非昨日之衆賓也。

旣獻衆賓。一人舉觶。遂無算爵。

鄭注云：「言遂者，明其間闕也。賓坐奠觶于其所，擯者遂受命於主人，請坐于賓。賓降，說屨，升坐矣。不言遂請坐者。請坐主于無算爵。」

敖繼公云：「謂舉觶之後，無算爵之前，其間工入升歌等禮皆闕也。此一人舉觶在獻衆賓之後，雖與正禮之舉觶爲旅酬始者同，實爲無算爵始也。言遂無算爵，明其說屨升坐，即取此觶故也。」

按：主人獻衆賓及一人舉觶畢，即行無算爵之儀。

無司正。

鄭注：「使擯者而已，不立之。」

按：今日主人息司正之時，司正爲賓，另以擯者贊禮，不另立司正也。

賓不與。

鄭注：「昨日至尊。不可褻也。」

按：昨日來與射事之賓，今日息司正之時，不與也。昨日之衆賓亦不與也。

徵唯所欲。以告于鄉先生君子可也。

鄭注：「徵、召也。謂所欲請呼。」又云：「告，請也。鄉先生，鄉大夫致仕者也。君子，有大德行不仕者。」

鄉飲鄭注云：「可者，召不召唯所欲」。

按：此息司正之禮，其請呼鄉先生、君子與否？唯其所欲也。

羞唯所有。

鄭注：「用時見物。」

正義曰：「謂其時所有之物，卽用之也。」

鄉樂唯欲。

鄭注：「不歌雅頌，取周召之詩在所好。」

鄉飲鄭注：「鄉樂，周南、召南，六篇之中，唯所欲作。不從次也。不歌鹿鳴、魚麗者，辟國君也。」

按：息司正所用之羞，唯當時所有之物卽可。所奏之樂，亦唯其所欲。如此無算爵，無算樂至禮竟，則鄉射禮儀成矣。

鄉飲酒禮儀節簡釋

（吳宏一著）

凡例

一、本文依照行禮程序，將鄉飲酒禮經文分爲六章、廿八節，每節又分爲數段，斷句悉依張爾岐儀禮鄭注句讀。

二、本文除臚列、選用前賢解說外，另加案語，以作進一步說明。案語與諸前賢所說，或互相發明，或補其不足；若有以爲前賢所說已足盡之者，則不再於案語中說明。

三、禮儀的解說，前賢說法繁而不一，難以一一臚陳，亦無法俱辯，故可采者采之，可辯者辯之；有疑莫能考之處，則闕其疑。

四、前後的儀節動作，若有相同者，則於經文初見時說明，以後不再重複敍說。

五、本文有關器物、樂器、宮室、服飾等形制，詳見本計劃中各專題研究部份，本文不另說明。

六、除文字之解說外，並參考楊復及張惠言之儀禮圖，於行禮之位置、面向，作附圖以供讀者參考。

七、才薄識淺，學殖荒疏，誤漏難免，希望有機會隨時補正。

目錄

第一章　飲前之儀

第一節　謀賓

鄉飲酒之禮。

鄭目錄：「諸侯之鄉大夫，三年大比，獻賢者、能者於其君，以禮賓之，與之飲酒。於五禮屬嘉禮。大戴，此乃第十；小戴及別錄，此皆第四。」

賈疏：「凡鄉飲酒之禮，其名有四，案：此賓賢能，謂之鄉飲酒，一也；又案：鄉飲酒義云：『六十者坐，五十者立侍』，是黨正飲酒，亦謂之鄉飲酒，二也；鄉射州長春秋習射於州序，先行鄉飲酒，亦謂之鄉飲酒，三也；案：鄉飲酒義又有鄉大夫士飲國中賢者，用鄉飲酒，四也。」張爾岐句讀：「疏言鄉飲有四，此篇所載，三年大比，賓賢之禮也，常以正月行之；將射而飲，下篇（案：指鄉射禮）所列是也，於春秋行之；黨正正齒位，於季冬蠟祭；鄉大夫飲國中賢者，則無常時。」

盛世佐集編：「自呂氏大臨謂鄉人凡有聚會，皆當行此禮，恐不止四事，論語載鄉人飲酒『杖者出，斯出矣』，亦指鄉人而言之　其說見采於通解，而後儒宗之，遂以爲鄉人聚會飲酒之通禮矣；然論語所載，有尚齒之意，謂與黨正飲酒法相似則可，援以證此則不可，且其所謂鄉人者，鄉之人耳，與鄉飲酒義『鄉人士君子』之鄉人注以為『鄉大夫』者亦別。」

經義聞斯錄：「鄭氏以禮為賓賢能，義為統釋四事，必本經師舊說，確不可易矣。然則呂氏謂鄉人會聚飲酒，皆行此禮，其說非歟？曰：周禮族師『春秋祭酺』注云：『族長，無飲酒之禮。因祭酺而與其民以長幼相獻酬焉。』疏：『州長黨正有飲酒禮，皆得官物為之，今此族卑，不得官物為禮。』可見此禮止于州黨，族尚不用，況其餘乎？」

孔穎達鄉飲酒義正義：「鄭必知諸侯鄉大夫者，以鄉飲酒（案：見鄉飲酒記）云『磬，階間縮霤』，注云：『大夫而特縣，方賓鄉人之賢者，從士禮也』，若天子之大夫，特縣則鍾磬並有，今唯云磬，故知諸侯之鄉大夫也。」

案：任何朝代，當政者無不期望政治上軌道，使政通人和、國泰民安，然而想要政治上軌道，實有賴於賢能的輔佐襄助，所以選拔人才、訪求賢能的故事，在歷史上頗不鮮見，燕王市駿馬之骨以招絕足就是一個典型的例子。每個朝代都有它甄選人才的典章制度，本篇所述就是說明諸侯鄉大夫受法於司徒之官（參見下段所引鄭注），三年大比，賓賢能，與之飲酒的禮制儀節。

關於行禮的場合和時間，前面所引的前賢說法，已足明之，茲不贅；至於行禮的程序，則請參見下段經文後所引的句讀。

主人就先生而謀賓介。

記：「鄉，朝服而謀賓介。」注：「鄉，鄉人，謂鄉大夫也。朝服，冠玄端、緇帶、素韠、白屨。」句讀：「鄉，謂鄉飲酒之禮。註指人，恐義不盡。」

鄭注：「主人，謂諸侯之鄉大夫也。先生，鄉中致仕者。賓介，處士賢者。周禮大司徒之職，以鄉三物教萬民，而賓興之，一曰六德……二曰六行……三曰六藝……，鄉大夫以正月之吉，受法于司徒，退而頒之于其鄉吏，使各以教其所治，以考其德行，察其道藝，及三年，大比而興賢者能者，鄉老及鄉大夫，帥其吏，與其衆寡，以禮禮賓之。厥明，獻賢能之書於王，是禮乃三年正月而一行也。諸侯之鄉大夫，貢士於其君，蓋如此云。古者年七十而致仕，老於鄉里，大夫名曰父師，士名曰少師，而教學焉，恆知鄉人之賢者，是以大夫就而謀之。賢者爲賓，其次爲介，又其次爲衆賓，而與之飲酒，是亦將獻之，以禮禮賓之也。」

句讀：「此飲酒禮，有獻賓，有樂賓，有旅酬，有無算爵樂，凡四大段，而禮成。此下至當楣北面答拜，則將飲酒之始事，初謀賓、戒賓，次陳設，次速賓、迎賓、拜賓，凡三節。」

案：鄉飲酒禮既然是諸侯之鄉大夫，與所獻之賢者能者飲酒的嘉禮，主人當然是指鄉大夫而言。

每隔三年，鄉大夫就要從「鄉」裏選出賢能的人，獻於其君，因此到了應該選拔賢能的正月的某日，他就身穿朝服去見「先生」。所謂「先生」，亦即「父師」、「少師」之謂，他們是告老退休的官員，回到家鄉後，就教育自己鄉黨中的子弟；因爲教之久，知之深，所以鄉大夫來和他商量，請教誰可以當賓，誰可以當介。

賓，當然就是「所貢之一人」，介是輔助賓行禮的人。

據韋協夢說：「謀之(指謀賓介)未必在行禮之日，蓋因記飲酒禮而追言之耳。主人戒賓以下，皆本日事也。」

第二節 戒賓

主人戒賓，賓拜辱，主人答拜。乃請賓，賓禮辭，許。主人再拜，賓答拜。

記：「皆使能，不宿戒。」注：「再戒爲宿戒。」句讀：「宿戒之者，恐其容有不能，令得肄習，今鄉飲賓介，皆使賢而能爲禮者，故不煩宿戒也。」

注：「戒，警也，告也。拜辱，出拜其自屈辱至己門也。請，告以其所爲來之事。不固辭者，素所有志。」

敖繼公集說：「拜辱，卽拜迎也。」

句讀：「主人戒賓，言主人往至賓門，欲相警告，非謂已戒之也。至請賓，方是發辭相戒耳。一辭而許者，德業既成，欲及時而試也。主人再拜，拜其許己也。」

案：主人和先生商量後，就決定了請誰當賓，請誰當介。到了行禮這一天，主人才來戒賓。因爲賓是學子中的佼佼者，懂得禮節的，所以用不着事先告戒。關於戒賓的時辰，據下文「乃席賓主人介」的鄭注「夙興往戒」一語，可知是在早晨。

又據鄉射禮：「主人戒賓，賓出迎」諸語，可見主人到賓處戒賓時，賓是出門拜迎主人的。這時賓是「主人」的身份，所以應該是在東門外面向西的位置，來向主人(鄉大夫)行拜迎之禮，表示主人降尊紆貴，自己實在不敢當。男子一般的拜禮有立拜跪拜之分，此處指立拜而言，說文：「拜，首至手也。」(從段改)大致是左手抱着右拳(禮記內則：「凡男拜，尚左手。」)由胸前往上推送，腰部向前彎，頭向下俯靠雙手，左手姆指剛好貼着額際。

此時主人也向東面、向賓回了一拜，便把來意告訴賓。說「請賓」是表示謙遜的意思。敖繼公集說：「請賓，其辭卒曰：請子爲賓。」

凌廷堪釋例說：「一辭而許曰禮辭，再辭而許曰固辭，三辭不許曰終辭。」所以「賓禮辭、許」，也就是說賓一辭而許。一辭是表示謙遜，不固辭者是因爲自己「德業既成，欲及時而試也」，如果固辭，那就是矯情虛僞了。

賓答應後，主人向他行了兩次拜禮，「拜其許己也」。賓也向主人答拜。

主人退，賓拜辱。

鄭注：「退，猶去也。去又拜辱者，以送謝之。」

集說：「此拜辱卽拜送也。拜迎拜送皆言拜辱者，蓋一儀而兼二義也。迎送者，據己言也；辱者，據彼言也。」

案：主人戒賓後，還要往介處，所以告退，而賓不從之，所以行拜送之禮。

介亦如之。

鄭注：「如戒賓也。」

句讀：「如戒賓時拜辱請許諸儀也。疏云：衆賓必當遣人戒速，但略而不言。」

案：主人往介處戒告時的儀節和戒賓時相同，故不贅。至於衆賓，則不親戒，關於這個道理，我們比照本篇速賓一節和禮記鄉飲酒義「主人親速賓及介，而衆賓自從之」可以推知。

第三節　陳　設

乃席賓、主人、介。

記：「蒲筵，緇布純。」注：「筵，席也。純，緣也。」

鄭注：「席，敷席也。夙興往戒，歸而敷席，賓席牖前，南面；主人席阼階上，西面；介席西階上，東面。」

鄉飲酒義：「四面之坐，象四時也。」「天地嚴凝之氣，始於西南，而盛於西北……。天地溫厚之氣，始於東北，而盛於東南……。主人者尊賓，故坐賓於西北，而坐介於西南以輔賓。賓者，接人以義者也，故坐於西北；主人者，接人以德厚者也，故坐於東南；而坐僎於東北以輔主人也。」

集說：「席賓于戶牖間，主人于東序，介于西序。」

案：主人在戒賓介回來以後，就派人安排席位，陳設宴會行禮時所需要的物品。據鄉飲酒義：「迎賓於庠門之外」，可知行禮的地點是在庠，亦即鄉學內。賓的席位，據鄉射禮：「尊於賓席之東」，可以推知它擺設的部位。尊是擺在房戶之間的（見下文「尊兩壺于房戶間」），賓席既然在尊的西邊，衆賓之席又在賓的西邊（見下文），那麼，賓席應該擺在戶西牖東當兩楹間的位置是沒有問題的。方苞說：「自聘饗燕射冠昏，賓席于戶牖之間，乃一定不移之位。」又據鄉射禮：「乃席賓，南面，東上。」南面，是說賓席面向南，這個鄭注已經說明了；東上是說擺席的方法，是席首擺在東方。如此賓席擺設的位置、面向和方法都可以明白了。

至於主人和介的席位，鄭注對於面向已明白地指出，但設席的位置，仍嫌不夠詳盡，據少牢下篇（即有司徹）說，主人的席位是在「東序，西面」之位，侑的席位是在「西序，東面」之位，侑以輔尸，和介的地位是相同的，正可與上面臚陳的前賢說法對照，可以說，主人的席位是設在堂上東南方、阼階上、東序前，面向西；介席是在堂上西南方，西階上、西序前，面向東。至於設席的方法，都是席首朝南方擺，因爲記說：「主人介，凡升席自北方，降自南方」，升降席的儀節是降由上、升由下的，所以我們可以曉得，主人和介的席首都是朝南方擺，換句話說，席首都在南方，席末都在北方。

不過，這裏有一個問題。據曲禮：「席南鄉北鄉，以西方爲上；東鄉西鄉，以南方爲上」，

「東鄉西鄉，以南方爲上」，和本節主人與介席的席首方向是符合了，但所謂「席南鄉北鄉，以西方爲上」，卻與賓席的席首方向不同。而凌廷堪釋例說：「凡設席，南鄉北鄉，于神則西上，于人則東上；東鄉西鄉，于神則南上，于人則北上」，南鄉北鄉「東上」是與本節賓席席首方向符合了，但東鄉西鄉「北上」，卻與主人介的席首方向不合。說法不一，目前尚未能解決，故並存其疑，俟考。

衆賓之席，皆不屬焉。

鄭注：「席衆賓於賓席之西。不屬者，不相續也，皆獨坐，明其德各特。」

賈疏：「雖不屬，猶統賓爲位，同南面也。」

集說：「屬，連接也。必不屬者，爲其升降皆由下也。……此席亦東上，凡席皆有司設之。」

案：這裏所謂「衆賓之席」的衆賓，是指衆賓之長三人而言；比照「主人獻衆賓」：「衆賓之長，升拜受者三人」諸語卽可推知。

尊兩壺于房戶間，斯禁，有玄酒，在西。設篚于禁南，東肆。加二勺於兩壺。

記：「尊，綌冪，賓至，徹之。」注：「綌，葛也。冪，覆尊巾。」

鄉飲酒義：「尊於房戶之間，賓主共之也。尊有玄酒，貴其質也。」

玉藻：「凡尊必上玄酒……，大夫側尊用棜，士側尊用禁。」注：「棜，斯禁也。無足，有似

於㮽，是以言㮽。」（禮器同，從略）

鄭注：「斯禁，禁切地無足者。玄酒在西，上也。肆，陳也。」

句讀：「兩壺，酒與玄酒各一也。斯禁以承壺。玄酒在酒之西。設篚貯爵，在禁之南，向東陳之，其首在西。壺各有勺，以備挹酌。」

案：士冠禮鄭注：「置酒曰尊」，「尊兩壺於房戶間」，就是說在房戶間（東房之西，室戶之東）設兩壺酒，酒和玄酒各一，玄酒擺在酒的西邊。因爲根據少儀說：「尊者以酌者之左爲上尊」，酌酒的人都是面向北方來酌的，而酒尊是南向的（參見士冠禮），所以玄酒擺在酒的西邊。

兩個酒尊都擺在斯禁的上面，酒尊上都用綌冪（用葛製成的覆尊巾）覆蓋着，賓等人來到時才拿掉它，另外，每個酒尊上各放着一個勺器，以便斟酒，勺的柄應該是朝向南方（參見士昏禮「加勺皆南枋」）。

飲酒是要用酒器來盛酒的，據韓詩外傳說：「一升曰爵，二升曰觚，三升曰觶，四升曰角，五升曰散。」本篇記說：「獻，用爵，其他用觶。」可知用來盛酒喝的是爵和觶。這些器具當然不會隨便擺在地上，以示潔敬，因此盛之以篚。篚擺在斯禁的南邊，向東方擺，也就是說，篚首在西方。因爲堂下也設篚，所以此設於堂上者，就叫做堂上之篚。

至於堂上之篚，爵觶各擺若干呢？這是可以從經文中推敲出來的。獻賓介衆賓用一爵，獻大夫另用一爵，獻工與笙又用一爵，共用三爵，這當然是「以異器示敬」的緣故，所以堂上之篚內擺三個爵。另外，「主人酬賓」時，主人取一觶於堂上之篚，可見堂上之篚，除了三個爵器外，還擺着一個觶器。

設洗于阼階東南，南北以堂深，東西當東榮。水在洗東，篚在洗西，南肆。

鄭注：「榮，屋翼。」

句讀：「南北以堂深，謂以堂廉北至屋壁之遠近，爲洗去堂之遠近也。疏云『假令堂深二丈，洗去堂亦二丈，以此爲度』是也。堂上設篚，此復設篚者，上篚所貯三爵，每一爵行畢，卽奠下篚，且貯餘觶也。」

案：士冠禮鄭注：「洗，承盥洗者，棄水器也，……水器尊卑皆用金罍。」

上段所說的是堂上的陳設，本段所說的是堂下的陳設。在阼階下東南方設洗，因爲古代盥水洗爵，往往有一個人挹水從上面來灌沃，這便叫沃盥或沃洗；盥洗時下注的水叫棄水，另外有器承之，使水不溢濺在地，承棄水之器就叫洗。據賈疏的說法，大夫用的洗器，是用鐵做的，加上白銀爲飾。（關於這些器物的形制，請參閱本計劃中器物部份，這在凡例中已經說明過了。）

設洗的位置，是在阼階下東南方，它和堂的距離恰好和堂廉北至屋壁之間的距離相等，縱的方向是當東榮之位，關於這些，賈疏和句讀已經說的很明白。

水則指盛水之器而言，釋例說：「有洗卽有罍，有罍卽有枓也。」盛水之器便叫罍，它擺在洗的東邊，枓則是勺水的器具。（以上參見士冠禮注疏）

另外還有一個篚，設在洗的西邊，也叫堂下之篚，篚首在北方，向南陳列，它的用途句讀已經說明了，不贅。此堂下之篚應該放三個觶。一人舉觶爲旅酬始，一也；司正舉觶，二也；二人舉觶時應取二觶，然一人舉觶時所舉之觶旅酬完了後，仍奠于下篚，至二人舉觶時再取之，所以堂下之篚內，在陳設時實際上是放三個觶器。

第四節　速　賓

羹定。

記：「其牲，狗也，亨于堂東北。」

鄭注：「肉謂之羹（按，此爾雅文）。定，猶孰也。」

賈疏：「此者以與速賓時節爲限，不敢煩勞賓，故限之也。」

案：關於所用的牲及烹的地點，記已經說明了，至於開始烹煮的時間，大概是「夙興往戒」以後，「歸而敷席」的同時。狗肉烹熟時，也就是速賓的時候了。

主人速賓，賓拜辱，主人答拜。還，賓拜辱。

鄭注：「速，召也。還，猶退。」

案：速，就是催請的意思。主人速賓的儀節與戒賓時相同，不贅。

介亦如之。

鄭注：「如速賓也。」

案：主人速賓後，也到介處催請。

賓及衆賓皆從之。

鄭注：「從，猶隨也。言及衆賓，介亦在其中矣。」

集說：「主人既速介而先歸，介及衆賓皆至於賓之門外，俟賓同往也。」

句讀：「主人速賓而還，賓及衆賓後面隨至，非同行相隨也。」

案：鄉飲酒義：「主人親速賓及介，而衆賓自從之。」可見主人是不親自去催請衆賓的。當狗肉烹熟了以後，主人就親自去催請賓及介，催請後自己先回到庠裏，準備迎賓。所以曉得主人先歸者，是因爲賓介曾行拜送之禮（「還，賓拜辱。介亦如之」）。如果隨主人一起來的話，按禮就不必拜送（如公食大夫禮：「大夫還，賓不拜送，遂從之」）。又因爲尊卑之差，介和衆賓自然到賓處來等候賓一同前往。所以曉得他們一同前往者，見下面經文即可一目了然。

第五節　迎賓、拜至

主人一相，迎于門外。再拜賓，賓答拜。拜介，介答拜。

鄉飲酒義：「主人迎拜賓于庠門之外。」

鄭注：「相，主人之吏，擯贊傳命者。」

句讀：「主人於羣吏中，立一人以相禮，與之迎賓於庠門外。」

案：主人知道賓介衆賓來了，就帶着一個贊禮的屬下，到庠門外去迎接。所謂門外，據士冠禮「主人迎，出門左，西面再拜，賓答拜」諸語，可知是站在門左，亦卽東門外，面向西來和賓介行拜迎之禮。

相者應該站在什麼位置，我們根據少儀「贊幣自左」的話，可以推知應該是站在主人的左邊，稍靠後，亦卽主人的東南方。

主人面西向賓行了兩次拜禮，賓此時站在主人對面，因此賓是在西門外面向東行答拜之禮。向賓拜迎後，主人又向介行拜迎之禮，因爲統於門的緣故，介應該站在賓的南方，亦卽賓的右邊；因此，主人向介行拜禮時，應該是西南面。而介答拜時，應該是東北面。

揖衆賓。

鄭注：「差益卑也。拜介，揖衆賓，皆西南面。」

賈疏：「賓介衆賓立位在門外，位以北爲上，主人與賓正東西相當，則介與衆賓差在南，東面，明知主人正西門拜賓，則側身向西南拜介、揖衆賓矣。」

案：主人拜介後，又向衆賓行個揖禮。揖的動作是左手抱着右拳，自胸前推出，頭部和腰部也隨之彎俯。因爲衆賓地位次於介，依次站在介的南方，所以主人也是面向西南方來揖的。

主人揖，先入。

鄭注：「揖，揖賓也。先入門而西面。」

句讀：「主人導賓先入，至內霤，西向以待。」

案：參照鄉射禮：「主人以賓揖，先入。」注：「以，猶與也。先入，入門右，西面。」我們曉得主人和賓揖了一次後，爲了表示率導起見，就先進入庠門，站在東門內，面向西。

賓厭介，入門左。介厭衆賓，入。衆賓皆入門左，北上。

鄭注：「皆入門西，東面，賓之屬相厭，變於主人也。推手曰揖，引手曰厭，今文皆作揖。」

賈疏：「引手曰厭者，以手向身引之。」

記：「立者，東面北上。若有北面者，則東上。」句讀：「立者，堂下衆賓也。東面北上，統於堂也，賓多，東面立不盡，卽門西北面東上，統於門也。」

案：厭和揖的動作相同，只是一引一推之別而已。因爲庠只有一個門，所以主人導賓先入後，賓便向介厭，進入門左，亦卽門內西邊，向東而立，和主人相向；不過賓要稍進幾步（參見鄉射禮），因介及衆賓需立于其南。然後介和衆賓厭，進了門，站在賓的南方，面向東。然後衆賓以次相厭，先後進了門，依次站在介的南方，面向東。要是衆賓人多，介南東面之位站不完，就要站在門西之位，面向北，由東向西排。

主人與賓三揖，至于階。三讓，主人升，賓升。主人阼階上當楣北面再拜，賓西階上當楣北面答拜。

鄭注：「三揖者，將進揖，當陳揖，當碑揖。楣，前梁也。復拜，拜賓至此堂，尊之。」

鄉射禮：「主人升一等，賓升。」

曲禮：「主人與客讓登，主人先登，客從之，拾級聚足，連步以上，上於東階則先右足，上於西階則先左足。」

案：介和衆賓進門後，主人和賓便相向作了一個揖禮，而轉身相背行，這就是所謂將進揖：主人向東走到阼階下堂塗的南端，賓向西走到西階下堂塗南端，各轉身向北，這時由相背而相向，便又作了一揖，這就是所謂當陳揖；主人和賓又各由東西陳向兩階前進，到了庭中當碑處，又作了一揖，這就是所謂當碑揖。

主人和賓三揖後，便到了兩階下。主人和賓又互相讓了三次，讓的動作，請參考張光裕君士昏禮儀節研究部份。然後主人在謙讓之餘，先升一等，表示率導之意（見所引鄉射禮）。又，據曲禮的說法，主人是升自東階的，應先抬右足，左足隨下，聚足連步；賓則升自西階，拾級時先抬左足，右足隨上，聚足連步。都升堂後，主人在阼階上當楣處向北面拜了兩次，拜至也。賓在西階上當楣處答拜，面向也是北面，表示謝意。

這時，即將行飲酒禮，所以主人命撤去覆尊巾。

附圖一　陳設、迎賓、拜至

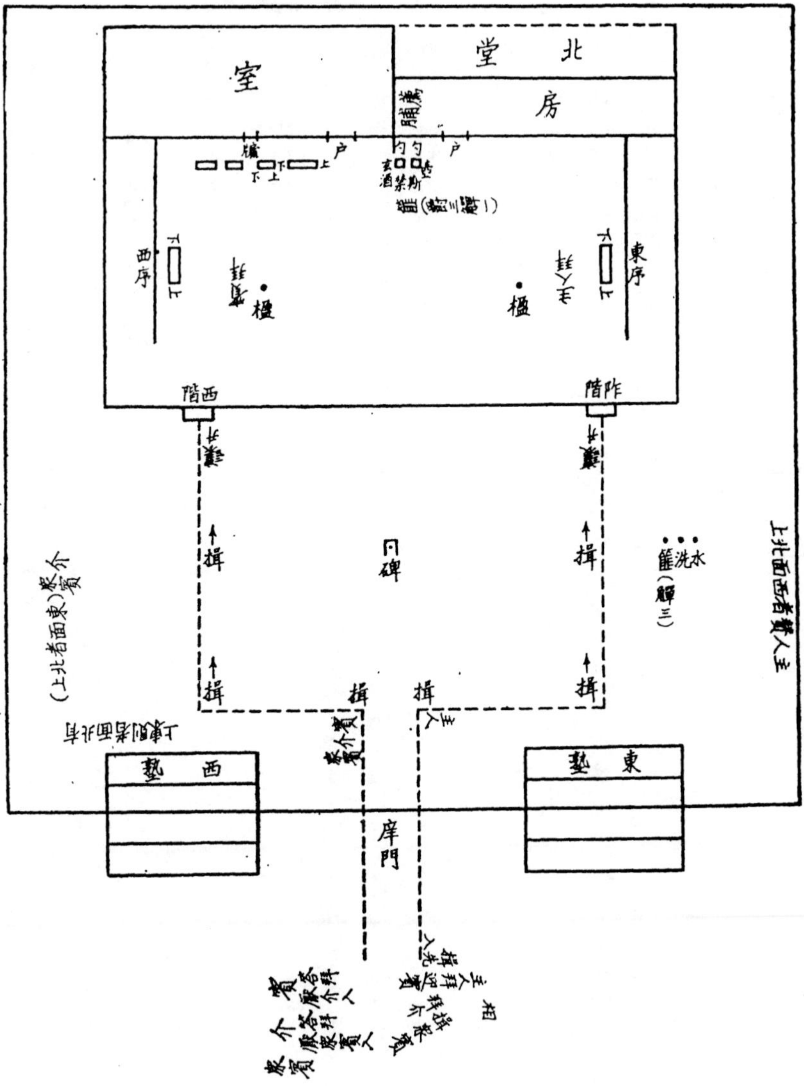

第二章　飲酒禮第一段：獻賓

第一節　主人獻賓

主人坐取爵于篚，降洗。

鄭注：「將獻賓也。」

案：蔡德晉本義：「古人席地陳設，取爵奠爵必跪。」這裏所謂坐，就是現在的所謂跪。主人爲了獻酒於賓，所以到堂上之篚內，坐着拿一個爵。篚在尊南，因此主人是北面而取。拿了爵後站起來，降自阼階，打算去洗爵。

賓降。

鄭注：「從主人也。」

案：主人取爵降洗是爲了獻賓，所以賓表示不敢獨居堂上，也跟着下了西階，當西序，面向東而立。（參見下文「賓復位，當西序，東面。」）

主人坐奠爵于階前，辭。

鄭注：「重以己事煩賓也。事同曰讓，事異曰辭。」

案：鄉射禮：「主人阼階前西面坐奠爵，興、辭降。」可與本段照。

主人知賓也下了堂，便面向西坐，把爵擺在地上，然後站起來向賓說些不敢勞他降堂的話語。

賓對。

鄭注：「對，答也。賓主之辭未聞。」

集說：「對時亦少進位，下文云賓對復位是也。」

案：主人向賓辭降，這時，賓由西階下當西序東面之位稍爲向前，對着主人也說些客套話，說的大約是不敢不降的話語。

主人坐取爵，興，適洗。南面坐奠爵于篚下，盥洗。

鄭注：「已盥乃洗爵，致潔敬也。」

句讀：「篚下，當篚之下，非於篚也。盥洗者，盥訖，取爵擬洗，亦非謂遽已洗也。下文因賓辭，復置爵而對，對已，乃復取爵成洗。」

案：「賓對」後，主人於是又坐在地，拿着爵站起來，到洗的北方，面向南，坐着，把爵放在堂下之篚的南方（不是放在篚內），然後站起來洗手，準備拿起爵來洗。在「陳設」時已經說過，盥洗時是有人執器灌沃的，灌沃者的位置面向請參見下文。

賓進，東北面辭洗。

鄭注：「必進東行，示情。」

集說：「進者，少南行也，南於洗西乃止，而東北面向主人辭洗之意，與拜降同。」

句讀：「注云示情者，示謙下主人之情也。」

案：主人準備洗爵時，賓就向南行，到了約當洗稍南處，復往東行，到洗的西南方，東北面向主人辭洗，表示不敢當的意思。

主人坐奠爵于篚，興對。賓復位，當西序東西。

鄭注：「言復位者，明始降時，位在此。」

案：主人面向南取爵擬洗時，因賓來辭洗，所以又坐着把爵放在篚內，站起身來面向西南（因賓東北面辭洗）向賓說些不敢不洗的話語。賓曉得主人洗爵是「自絜而以事賓」的禮儀，不敢固辭，所以就回到原來降立的位置，也就是西階下當西序東面之位。

主人坐取爵，沃洗者西北面。

鄭注：「沃洗者，主人之羣吏。」

集說：「沃洗謂以枓斢水而沃洗爵者也，沃洗者先亦沃盥。」

句讀：「古人盥洗，並用人執器灌沃，下別有器，承其棄水，故有沃洗者。」

案：賓復位時，主人於是又跪坐下去取爵來洗，主人的一個屬下站在洗的東南方，面向西北來幫主人灌沃。

卒洗，主人一揖、一讓、升。

鄭注：「俱升。」

案：鄉射禮：「主人卒洗，一揖一讓，以賓升。」可見主人洗爵後，回到阼階下，和賓一揖一讓，然然主人先升，賓也隨着升堂，這些動作，前面已經說明，不贅。凌廷堪釋例說：「凡降洗盥，皆一揖一讓升。」

賓拜洗。主人坐奠爵，遂拜，降盥。

鄭注：「復盥，爲手坋汙。」

集說：「必盥者，爲將酌也。既拜而盥，爲拜時以右掌據地，不無坋汙也。內則『凡男拜，尙左手。』」

句讀：「因事曰遂：言遂拜者，主人坐奠爵，因不起而遂拜也。後凡言遂者，皆因上事。」

案：主人和賓都升堂後，賓在西階上、面向北，行了一個拜禮，向主人爲洗爵事表示敬謝之意。

主人這時也面向北，坐在地，把爵放下，行了一個跪拜之禮。男子一般的拜法，有立拜、跪拜之分，本段前面所說的拜，都是立拜，而這次主人是跪拜。跪拜的動作大致是兩足併攏，以足貼股，跪坐在地上，身略向前彎，頭低俯，右掌據地，左手平放在右手背上（據敖繼公說法）。主人跪拜後，又站起來。因爲手據地時髒了，同時，即將酌酒獻賓，所以又降堂盥手。

賓降，主人辭，賓對，復位，當西序。卒盥。揖讓升。賓西階上疑立。

鄭注：「疑，讀爲仡然從於趙盾之仡。疑，正立自定之貌。」

案：賓又跟着降堂，主人在阼階下西面之位辭降，賓原立于西階下東面當西序之位，此時稍進，對主人說些不敢不降的話，然後復位。主人洗過手，又與賓一揖一讓升。升堂後，賓在西階上，面向北端正地站着，因爲主人馬上要酌酒獻他。

主人坐取爵，實之。賓之席前，西北面獻賓。

鄭注：「獻，進也，進酒於賓。」

句讀：「主人取爵實酒獻賓。必西北面者，賓在西階，欲其就席受爵，故西北向之也。」

案：主人又跪坐着拿起爵，走到房戶間尊所，面向北來酌酒，然後走到賓的席前，面向西北獻之於賓。獻於賓席前的原因，見所引句讀。

賓西階上拜，主人少退。

鄭注：「少退，少避。」

集說：「主人西北面于賓席前，賓拜于西階上，而主人乃少退，則是凡拜皆有相之者矣。」

本義：「賓先拜而後敢受爵，敬主人之至也。主人少退，以執爵不得答拜，故少逡巡退避也。」

案：賓在西階上，面向北行拜禮，對主人的獻酒表示敬謝之意。主人因爲手中拿着賓爵（酌過酒的爵），答拜不便，所以稍退，表示不敢當。

賓進受爵，以復位。主人阼階上拜送爵，賓少退。

鄭注：「復位，復西階上位。」

句讀：「賓進席前受爵，復持此爵還西階上位。」

案：鄉射禮：「賓進受爵于席前，復位。」可知賓在西階上面向北拜後，就到席前受爵。授受之禮，有迓授受和並授受之分，迓授受時面向相對，並授受時面向相同。據張惠言儀禮圖的注明：「經唯介言北面受，則賓不北面，舊圖（按，指楊復儀禮圖）迓受是也。」則主人既西北面獻，賓受爵時應該是面向東南。授受時的動作，身稍俯而手微下（見江永鄉黨圖考）。受爵後，賓又回到西階上北面之位。主人此時亦已回到阼階上，面向北、行了一拜。賓因手中執爵，爵內有酒，故只稍退，表示不敢當。

薦脯醢。

記：「薦脯，五挺，橫祭於其上，出自左房。」注：「挺猶膱也。鄉射禮曰：『祭半膱，膱長尺有二寸。』在東，陽也，陽主養；房，饌陳處也。冠禮之饌，脯醢南上。曲禮曰：以脯置者，左朐右末。」句讀：「薦脯用籩，其挺五，別有半挺橫於上，以待祭。脯本橫設人前。橫祭者，於脯爲橫，於人爲縮。陳之左房，至薦時，乃出之。」

鄉射禮記：「薦脯用籩，五膱，祭半膱橫于上。醢以豆。出自東房。膱長尺二寸。」注：「脯用籩，籩宜乾物也；醢以豆，豆宜濡物也。」

鄭注：「薦，進也。進之者，主人有司。」句讀：「薦之席前。」

案：脯就是薄切的肉乾，原來和醢都擺在東房。薦進時脯用籩盛着，一共有五膱，每膱長一尺二寸，上面另有一半膱橫擺在五膱上，供祭用。擺的方法，五膱是「左朐右末」，末尾應在右邊，於人爲橫，而供祭用的半膱，則於人爲直，在五膱上與之成十字形。醢就是肉醬，用豆盛着。

主人屬下進脯醢時，由東房出。脯（籩）擺在賓席的西方，醢（豆）擺在賓席的東方，也就是說，賓升席後，脯是在他右邊，醢是在他左邊。擺設時，應該由右而左，亦卽先設豆，後設籩，籩豆的首部都朝南方。又據玉藻：「豆去席尺」，由此可知籩豆和席間的距離。

賓升席自西方。

鄭注：「升由下也，升必中席。」

案：賓席以東爲上，所以賓升席自西方。

乃設折俎。

記：「俎，由東壁，自西階升。」注：「烹狗既孰，載之俎，饌於東方。」句讀：「及其設之，由東壁適西階，升設筵前，不由阼階也。」

又：「賓俎，脊脅肩肺。……皆右體，進腠。」

鄭注：「牲體枝解，節折在俎。」

案：凡獻酒都有薦，禮盛者則設俎，不過就一般而言，設薦都在升席之前，而設俎則在升席之後（俱見釋例）。賓是主客，所以他升席後，主人就命人爲之設俎。前面已經說過，烹狗肉是在堂東北，熟了後就分盛在俎裏，據祭統說，俎以骨爲上，骨有貴賤，前貴後賤，賓俎用的是脊（正脊骨）、脅（肩前骨）、肩和肺，都用右體，因爲這是吉禮。

主人的屬下在東壁取俎，由西階升堂，把俎設在薦的前面。

主人阼階東疑立。賓坐，左執爵，祭脯醢。

鄭注：「坐，坐於席。祭脯醢者，以右手。」

案：主人此時在阼階上，面向西北端正地站着。而賓乃跪坐在席。關於坐席的方法，我們根據曲禮上說的「衣毋撥」「足毋蹶」「食坐盡前」諸語，可知其梗概。賓跪坐席上後，左手執爵，右手祭脯醢（鄉射禮「右祭脯醢」）。據釋例說：「凡執爵皆左手，祭薦皆右手。」

所謂祭，就是在未飲食之先，取些許置於器前。賓祭脯醢的動作，是用右手從籩上取脯（半膱），在豆內擩醢，然後把它放在籩豆之間。

奠爵于薦西，興，右手取肺，卻左手執本，坐，弗繚，右絕末以祭，尙左手，嚌之，興，加于俎。

鄭注：「興，起也。肺，離之，本，端厚大者。繚，猶紾也。大夫以上威儀多，紾絕之。尙左手者，明垂紾之，乃絕其末。嚌，嘗也。」

褚寅亮管見：「注訓繚爲垂紾，而不解弗字之義，案、說文：弗，撟也。又云：撟，舉也。然則鄭意蓋謂舉左手以垂紾肺，乃以右手絕其末以祭。弗字易明，故不釋也。」

案：張爾歧句讀因爲把「弗繚」解釋爲「直絕末以祭，不必繚也」，所以說：「……注疏獨於此處解作繚祭，不改從。」其實，張爾歧對「弗繚」的解釋恐怕以今律古，反而不如管見的說法來得可信。

據少儀說「取俎進俎不坐」，所以賓取肺之先，把爵放在脯醢的西邊，然後站起來，右手從俎上取肺（肺原來已經離割了，只是未斷而已），然後仰起左手拿着肺的厚大的上端，再跪坐下，用右手從肺厚大的上端循之至末，拉斷它，祭時照上段所引的淩廷堪等的說法，似乎應祭於籩豆之間，可是少儀說：「凡羞有俎者，則於俎內祭」，似乎應放入俎內。個人無法解決，故存其疑。

因爲肺被拉斷了，有一半還在左手中，所以賓舉起左手，用嘴嘗嘗肺的上端，然後又站起來，將它放在俎上。

坐捝手，遂祭酒。

鄭注：「捝，拭也。古文捝作說。」
賈疏：「案、內則事佩之中有帨，則賓客自有帨巾以拭手也。」
句讀：「坐以帨巾拭手，遂執爵祭酒。」
案：因舉肺時手沾汚了，賓於是又跪坐下去，用身上的佩巾拭手。鄉射禮：「執爵遂祭酒」，可見賓拭手後，就拿起爵來行祭酒之禮。

興，席末坐啐酒。

鄉飲酒義：「祭薦祭酒，敬禮也；嚌肺，嘗禮也；啐酒，成禮也。於席末，言是席之正非專爲飲食也，爲行禮也。」
鄭注：「啐，亦嘗也。」
句讀：「席末，謂席之尾。祭薦、祭酒、啐肺皆於席中，唯啐酒於席末。」
案：賓祭酒後又站起來，在席的西端嘗嘗酒，孔穎達鄉飲酒義正義：「若此席專爲飲食，應於席中啐酒，今乃席末啐酒，此席之設，本不爲飲食，是主人敬重於賓，故設席耳。祭薦祭酒嚌肺在席中者，敬主人之物，故在席中。啐酒入於己，故在席末也。」

降席，坐奠爵，拜，告旨，執爵興。主人阼階上答拜。

鄭注：「降席，席西也。旨，美也。」

集說：「拜乃告旨，謝其以旨酒飲己也。」

案：降席的方法就一般而論，都是降由上，可是這裏賓降席却由席的西端，席西端是席的下首，顯然與升由下降由上的說法不合。不過我們參照下文：「主人升席自北方……，自席前適阼階上，北面坐卒爵。」注：「自席前者，啐酒席末，因從北方降，由便也。」可見主人受酢時升降席也都由席的下首。而注云：「由便也」，大概是因爲在席末啐酒爲禮，所以由席末降席此較方便的緣故吧。

賓從席的西端降席，跪坐在席前，放下爵，面南向主人行跪拜之禮，告訴並感謝主人獻給他美酒；然後又站起來，手中執爵。此時主人在阼階上答拜，面向北。

賓西階上北面坐卒爵，興，坐奠爵，遂拜。執爵興。主人阼階上答拜。

記：「坐卒爵者，拜既爵。」

又：「以爵拜者，不徒作。」注：「言拜既爵者不徒起，起必酢主人。」

鄭注：「卒，盡也。於此盡酒者，明此席非專爲飲酒起。」

集說：「必西階上卒爵者，以鄉者於此拜受故也。」

案：賓到西階上，面向北，跪坐着把酒喝完，拿着爵站起來，又跪坐下去，把爵放在地上，行跪拜之禮，然後又取爵站起來，準備酢主人。這時候主人在阼階上答拜，面向北。

第二節　賓酢主人

賓降洗。

鄭注：「將酢主人。」

賈疏：「前得主人之獻，今將酌以報之，故降洗而致絜敬。」

爾雅：「酢，報也。」

案：為了酢賓，所以賓取爵降自西階，準備去洗爵。因本節儀節與「主人獻賓」頗有相同處，故相同處之解說多從簡。

主人降。

鄭注：「亦從賓也。降，降立阼階東，西面。」

案：主人降自阼階。根據下文「主人復阼階東，西面」，所以鄭注知其降立之位。

賓坐奠爵，興辭。

鄭注：「西階前。」

賈疏：「鄉射云：『賓西階前東西坐奠爵，興，辭降。』此亦然。」

主人對。賓坐取爵，適洗南，北面。

句讀：「擬洗。」

案：主人和賓說不敢不降的客套話時，是在阼階東，面向西之位。請參見「主人降」一段。賓「坐取爵」後，往南走，在西堂塗約當洗稍南處，又往東行，到洗的南邊，面向北，取爵擬洗。

主人阼階東，南面辭洗。賓坐奠爵於篚，興對。主人復阼階東，西面。

集說：「南面辭洗，猶不離阼階東，示違其位而已。」

句讀：「前獻賓，主人既盥，而後辭洗，此則賓未盥而已辭洗。故主人奠爵，初在篚下，繼乃於篚，以初未聞賓命也；賓奠爵即于篚，以已聞主命也。」

案：因為賓洗爵是為了酌酒敬主人，所以主人從阼階東西面之位，轉向南面，前進幾步，向賓辭洗。

賓原來在洗南北面擬洗，因此，此時他仍然是面向北方來坐奠爵於篚內，站起來和主人說不敢不洗的客套話。

賓東北面盥，坐取爵，卒洗。揖讓如初，升。

集說：「凡盥洗於洗南者，皆北面，此云東北，未詳，疑東衍文也。」集編：「上言沃洗者，西北面，此不言者可知也。主人在洗北，沃洗者在洗南，故主人南面，而沃洗者西北面沃之，便也。今賓者在洗南，沃洗者在其右，故賓方盥洗，必東北面邪向之，亦取其便也。敖氏以東爲衍文，非也。」

句讀：「如獻賓時一揖一讓。」

案：賓盥手時是東北面，而「坐取爵」洗時應該回到原來面北的方向，這是因爲篚在洗西的緣故。

主人拜洗，賓答拜，興，降盥，如主人禮。

集說：「如上文降盥以至坐取爵之儀，但面位異耳。」

句讀：「如其從降、辭、對。」

案：所謂「如主人禮」者，就是說和「主人獻賓」時一樣，不過是主人和賓的面位交換而已。簡略地說，是賓降盥時，主人降，賓辭。主人對，復位。卒盥，揖讓升。

賓實爵，主人之席前，東南面酢主人。

句讀：「主人在阼階，賓自主席前向之，故東南面。」

案：賓到房戶間尊所酌酒時，面向北，說見前。

主人阼階上拜，賓少退。主人進受爵，復位。賓西階上拜送爵，薦脯醢。

句讀：「（薦脯醢者）亦主人有司。」

案：主人拜時，面向北，表示敬謝之意。賓因手執實爵，故稍向後退，表示不敢當。於是主人面向北受爵（參見「主人獻介」一節經文），然後又回到阼階上北面之位。此時賓也回到西階上北面之位，行一拜禮，對主人接受他的敬酒表示敬謝之意。

主人的屬下從東房端出脯醢，擺設在主人席前，擺設的儀節和方法，和「主人獻賓」時相同，不贅。

主人升席自北方。設折俎，祭如賓禮。

鄭注：「祭者，祭薦、俎及酒，亦嚌、啐。」

集說：「北方，席下也。主人、介席皆南上。」

案：因爲主人席西向，所以席首在南方（說見前），升席應由席下首，故主人升席自北方；蓋由阼階上行至席北端而上席。主人屬下此時也爲主人設俎，俎仍由東壁升自西階，設在薦前。

據記說：「主人俎，脊脅臂肺。」脊脅肺和賓俎同，臂指的是前臂，也都是用右體。

「祭如賓禮」簡言之，就是：賓西階上疑立。主人坐，左執爵，祭脯醢，奠爵於薦西，興，右手取肺，卻左手執本，坐，弗繚，右絕末以祭，尚左手，嚌之，加于俎，坐捝手，遂祭酒，興，席末坐（指席之北端），啐酒。降席（亦降由北方，說見前），坐奠爵。

不告旨。

鄭注：「酒，己物也。」

集說：「酒，主人之物也。……主人不告旨，乃亦啐酒者，若欲知其美惡以拜崇酒然。」

自席前適阼階上，北面坐卒爵。興，坐奠爵，遂拜。執爵興，賓西階上答拜。

鄭注：「自席前者，啐酒席末，因從北方降，由便也。」

賈疏：「案曲禮云：席東鄉西鄉，以南方爲上……。凡升席必由下，降由上，今主人當降自南方，以啐酒於席末，遂因從席北頭降，又從北向南，北面拜，是由便也，若降由上之正亦是便，故下云，主人作相，降席自南方，不由北方，亦由便也。」

主人坐奠爵于序端，阼階上北面再拜崇酒。賓西階上答拜。

鄭注：「東西墻謂之序。崇，充也，言酒惡，相充實。」

賈疏：「奠爵于序端者，擬後酬賓訖，取此爵以獻介也。」

集說：「崇，重也。謂賓崇重己酒，不嫌其薄，而飲之既也，故拜謝之。卒爵乃拜者，若曰己飲之乃知其薄。」又：「奠于其所而拜，則嫌於拜既爵，奠於篚而後拜，則嫌於禮畢，故以爵奠于序端也。」

案：主人把爵擺在東序端，是因爲主人卽將酬賓，酬禮用觶，不用爵，但是酬賓之後，主人獻介仍須用爵，故奠于東序端。敖繼公的說法頗有道理，然猶未盡，故補說之。「主人獻賓」和「賓酬主人」的禮節大都相同，「惟賓先拜酒旨而後拜既爵，主人先拜既爵而後拜崇爵，此爲小殊」。（高紫超說，此據胡培翬正義引。）

第三節　主人酬賓

主人坐取觶于篚，降洗。賓降，主人辭降。賓不辭洗，立當西序，東面。

鄭注：「不辭洗者，以其將自飲。」

賈疏：「酬酒先飲，乃酬賓，故云將自飲，若然，既自飲而盥洗者，禮法宜絜故也。」

記：「獻，用爵；其他用觶。」注：「其他，謂酬及旅酬。」

本義：「相敬用爵，相歡用觶。」

案：主人將酬賓，酬禮用觶，因此主人又到堂上之篚內，跪坐着拿了一個觶，爲了表示潔敬，仍然需要降洗。關於辭降的儀節，請參見獻賓一節。至於不辭洗的原因，鄭注已經說得很明白了。

卒洗，揖讓升。賓西階上疑立。主人實觶酬賓，阼階上北面坐奠觶，遂拜，執觶興。賓西階上答拜。

鄭注：「酬，勸酒也。」

賈疏：「賓西階上疑立者，待主人自飲故也。」

句讀：「先自飲，所以勸賓也。拜賓者，通其勸意也。答拜者，答其勸己也。」

案：主人洗觶時，面向南方。主人實觶，賓西階上答拜，則都是面向北方。

坐祭，遂飲，卒觶；興，坐奠觶，遂拜，執觶興。賓西階上答拜。主人降洗，賓降辭，如獻禮。升，不拜洗。

鄭注：「不拜洗，殺於獻。」

集說：「如獻禮，如其降後升前之儀。」

句讀：「主人爲賓洗爵，故賓降辭如獻時，但升堂不拜耳。」

案：賓西階上答拜時，面向北，見鄉射禮。降辭之儀，則請參見「主人獻賓」一節，茲不贅。不過，有一點要補充說明的是：在本節第一段主人取觶降洗時，賓並不辭洗，爲什麼在這兒又辭洗呢？這是因爲上次主人洗觶，是主人用來先自飲以勸賓的，既然是自飲，賓當然不應該辭洗。而此次主人洗觶，是洗來酌酒給賓喝的，因而賓當然要辭洗。

另外，本段與獻酢時不一樣的是升堂後，受酌酒者並不拜洗，鄭注已經說明這是禮「殺於獻」的緣故。淩廷堪釋例說：「凡酬酒，不拜洗。」

賓西階上立。主人實觶，賓之席前，北面。賓西階上拜，主人少退。卒拜，進，坐奠觶于薦西。

記：「凡奠者，於左；將舉，於右。」

鄭注：「賓已拜，主人奠其觶。」

句讀：「奠觶薦西，欲賓舉此觶也。」

案：賓不拜洗，在西階上向北面端正地站着，等待主人去酌酒。主人酌酒後，到賓席前，向北面站着。「主人獻賓」時，是西北面，爲什麼這兒却北面呢？據集說的說法，這是「以其不受」的緣故。北時賓在西階上向北面行拜禮，表示敬謝。主人因手執實觶，故只略向後退，表示不敢當。賓卒拜後，主人便又稍向前進，跪坐着將觶放在賓薦的西方，換句話說，也就是放在賓升席後的右邊。記：「將舉於右」，這是主人希望賓舉此觶的緣故。

賓辭，坐奠觶，復位。主人作階上拜送。賓北面坐奠觶于薦東，復位。

鄭注：「酬酒不舉。」

集說：「辭，辭其奠觶也。奠觶，酬之正禮也。然奠而不授，亦不能無降等之嫌，故辭之；辭之而不獲命，乃坐取觶，示受也。」

句讀：「賓辭，疏以爲辭主人復親酌己，愚以主人方酌時不辭，殆非辭酌也，仍是辭其親奠如鄉射二人舉觶時耳。」

案：酬酒觶不舉，「故奠而不授，又不敢必賓之不舉，故仍奠薦右。」（見褚寅亮管見）賓見主人奠觶於薦右，不敢當，所以辭之，辭之不得，所以到席前向北面跪坐着拿起薦西之觶，以示親受，然後回到西階上北面之位。此時主人在阼階上北面之位，行拜送之禮，而賓拿着觶，並不喝它，又到席前去，面向北，把觶放在薦東、於賓升席爲左之位（記：「凡奠者於左」），表示酬禮是不舉觶的，自己不敢違禮，然後又回到西階上北面之位。

第四節　主人獻介

主人揖降，賓降立于階西，當西序，東面。

鄭注：「主人將與介爲禮，賓謙，不敢居堂上。」

句讀：「揖降者，主人揖賓而自降，賓亦降辟階西，俟其與介爲禮也。」

案：主人因將行獻介之禮，需要降堂去請介升堂，故向賓行揖禮。主人和賓揖時都是面向北。

主人以介揖讓升，拜如賓禮。主人坐取爵于東序端，降洗。介降，主人辭降。介辭洗，如賓禮，升不拜洗。

鄭注：「介禮殺也。」

賈疏：「主人迎賓之時，介與衆賓從入，又主人與賓三揖，至於階之時，介與衆賓亦隨至西階下，東面。今此文云『揖讓升』『如賓禮』則唯於升堂時相讓，無庭中三揖之事矣。升堂而云拜者，謂拜至亦如賓矣。」

管見：「以下衆賓復位之文決之，則此時，介與衆賓已在西階下賓南之位矣，疏是也。」

鄉飲酒義：「三揖至于階，三讓以賓升，拜至獻酬辭讓之節繁，及介省矣。」

集說：「入門，止於其位。」

張惠言讀儀禮記：「記云：『立者東面北上，若有北面者，則東上。』此謂衆賓也。注云：或統於堂，或統於門，則立庭南，近門可知。鄉射遵者入，『賓及衆賓皆降，復初位』注云『初位，門內東面』，知不近堂也。介於入門後，主人未與殊禮，則隨衆賓俱在庭中東面，其位蓋在碑以南。此時主人至阼階前揖之，介東面于其位揖，進，東當塗曲，北面又揖，當碑又揖，此揖讓如賓禮也。」

案：關於此時介的面位歷來有兩種不同的說法，很難斷定孰是孰非（請參見上引諸前賢說），不過以下文獻衆賓一節衆賓之長降復位諸語，個人覺得賈疏管見的說法是比較可以採信的；張惠言引鄉射禮遵者入「賓及衆賓皆降，復初位」，注：「初位，門內東面」，來作爲立論的根據，雖然似乎言之成理，但不言復位而言復初位，則令人不無疑問。因此從賈疏之說，以爲此時介與衆賓皆已在西階下東面之位。

主人和介揖讓後升堂，「拜如賓禮」，也就是拜至之禮。主人在阼階上北面再拜，而介在西階上當楣北面答拜。然後主人到東序端跪坐着拿起「賓酢主人」時放下的爵，降堂去洗爵。「介降，主人辭降。介辭洗，如賓禮。」這些儀節和「主人獻賓」時相同，不再特加說明，不過是賓換成介而已。

至於升不拜洗，那是因爲介次賓一等，「禮殺」的緣故。

介西階上立。主人實爵，介之席前，西南面獻介。

鄭注：「不言疑者，省文。」

句讀：「介席東面，介立西階上，在席南，故主人西南面向之。」

案：介西階上疑立，主人實爵時，都是面向北。至於主人所以西南面獻介的緣故，句讀已經說明了。

介西階上北面拜。主人少退。介進，北面受爵，復位。主人介右北面拜送爵，介少退。

鄭注：「主人拜于介右，降尊以就卑也。」

集說：「主人西南面獻介，而介乃北面正方受爵，以是推之，則賓酢主人，主人亦北面受。」

案：主人向西南面在介席前獻酒，等到介受爵回到西階上北面之位後，主人也到西階上北面站在介的右邊（即下文所謂西階東），行拜送爵之禮，這是因爲介尊次於賓，禮於尊卑有所不同的緣故。

句讀：「在介右而又稍東，以設薦之時，介方升祭，主人無事，故立於此。」

主人立于西階東。

薦脯醢，介升席自北方，設折俎，祭如賓禮。不嚌肺，不啐酒，不告旨。自南方降席，北面坐，卒爵。興，坐奠爵，遂拜。執爵興。主人介右答拜。

記：「介俎：脊脅肫胳肺，肺皆離，皆右體。」

鄭注：「不嚌啐，下賓。」

賈疏：「主人介右答拜者，還近西，於前立處答拜也。」

句讀：「北面坐，西階上北面坐也。」

案：記：「主人、介，凡升席自北方，降自南方」，介席東向，以南方爲上首，席末在北方，升降席的方法，升由下，降由上，所以介升席自北方。設薦設俎和祭的方法，參見「主人獻賓」一節。祭包含祭薦、祭俎、祭酒。祭薦和「主人獻賓」時無異。祭俎則略有不同，介俎是「脊脅肫胳肺」，肫是後脛骨上部，胳是後脛骨下部，賈疏：「介俎肫胳並言者，以肩臂之下，留其貴者爲大夫俎，若有一大夫，則大夫用臑，而介用肫，若有二大夫，則大夫用臑與肫，而介用胳，用體無常，故肫胳兩見也。」（釋文、集說等本無肫字）。介祭俎祭酒時，和「獻賓」

賓祭時不一樣的是，介不嚌肺，也不啐酒，因不啐酒，當然也就不告旨了。這是因爲介位次於賓，不嚌不啐不告旨者，正是表示禮是爲賓設的。

因爲不啐酒於席末，降席應由席的上首，所以介由席的南端降席，這種「由便」的道理前面已經說過了。

介降席後，到西階上原位，向北面跪坐着，把酒喝光，因爲記說：「坐卒爵者，拜既爵。」所以介起立後，又跪坐下，把虛爵放在地上，而行跪拜之禮。然後又拿着爵起立，記說：「以爵拜者，不徒作」，可見介是準備降堂洗爵酌酒來酢主人了。

這時候，主人又稍西移，恢復原來介右之位，在西階上向北面答拜。

第五節　介酢主人

介降洗。主人復阼階，降辭如初。

鄭注：「如賓酢之時。」

句讀：「降辭如初者，介辭主人從己降，主人辭降介爲己洗，一如賓酢時也。」

管見：「主人自酢，而介乃降洗，恐己所飲之爵不潔也。」

案：介降堂洗爵時，主人爲了表示謙遜，所以要降堂辭洗，主人升降堂應用阼階，所以主人回到阼階上，才由阼階降堂。至於主人辭洗的儀節，請參見「賓酢主人」一節，茲不贅。

卒洗。主人盥。

鄭注：「盥者，當爲介酌。」

賈疏：「主人自飲而盥者，尊介也。」

案：介到洗南，面向東北洗完爵後，主人也在洗北，向南面洗手。主人洗手是因爲他了解介洗爵的用意，同時，他等一會兒要替介酌酒的緣故。

介揖讓升，授主人爵于兩楹之間。

鄭注：「就尊南授之，介不自酌，下賓。酒者，賓主共之。」

句讀：「揖讓升，一揖一讓升也。介但授虛爵不自酌者，介卑，不敢必主人爲己飲也。」

案：介和主人一揖一讓後，介由西階升，主人則由阼階升堂後再往西階，因爲「酒，賓主共之也」（見鄉飲酒義），所以介不敢酌酒，表示自己位次於賓，於是在兩楹之間，尊的南面把爵授給主人。介授爵時的面向和主人受爵時的面向，似乎以逆受爲宜，而逆受是東西面授受或南北面授受，則很難論定。

介西階上立。主人實爵，酢于西階上，介右坐奠爵，遂拜，執爵興。介答拜。主人坐祭，遂飲，卒爵興，坐奠爵，遂拜。執爵興，介答拜。主人坐奠爵于西楹南，介右再拜崇酒，介答拜。

鄭注：「奠爵西楹南，以爵獻衆賓。」

本義：「介不拜送，主人拜，乃答拜，猶不敢酌之意。」

案：介西階上立、主人賓爵以下諸儀的面向，都是向北面。

主人坐奠爵于西楹南，以備在獻衆賓時再用，這與奠于序端同樣是由便的緣故。

介不啐酒不告旨，而主人仍再拜崇酒者，乃拜其卒獻而酢己，是亦崇重己酒也。

第六節　主人獻衆賓

主人復阼階，揖降，介降立于賓南。主人西南面三拜衆賓，衆賓皆答壹拜。

鄭注：「三拜，一拜，示徧，不備禮也。不升拜，賤也。」

集說：「三拜者，旅拜之法也，衆賓皆答一拜，亦答旅拜之法也。此禮大夫士同之。」

集編：「禮成於三，故旅拜之法，無論衆賓多少，但為三拜以示徧，初不為賓長三人而設也。經云衆賓皆答一拜，亦統指衆賓而言，不專謂三賓也，疏欠分明，故朱子不能無疑，然即以經文證之，則其疑可釋矣。旅拜之法，大夫士微有不同，大夫三拜衆賓，衆賓答以一拜，此及鄉射、少牢、有司徹所陳是也，大夫尊，不敢備禮是也。士三拜衆賓，衆賓答以再拜，士卑；得備禮也。敖氏謂此禮大夫士同之，殆未深考歟？」

句讀：「主人在阼階下，衆賓在賓介之南，故主人西南面拜之。註示徧，解主人三拜；不備禮，解衆賓答一拜。不升拜，賤也，言主人不升衆賓於堂而拜之，以其賤，故略之，與賓介升堂拜至者異也。」

案：主人因爲將獻衆賓，需要降堂，所以回到阼階上，同時向介行揖禮。介不敢留在堂上，所以降立在賓的南邊，也就是西階下當西序東面之位。

至於主人何以西南面三拜衆賓，衆賓皆答一拜的道理，前面臚列的前賢說法已足明之，不贅言。

主人揖升，坐取爵于西楹下，降洗，升實爵，于西階上獻衆賓，衆賓之長，升拜受者三人。

記：「衆賓之長，一人辭洗，如賓禮。」

鄭注：「長，其老者，言三人，則衆賓多矣。」

句讀：「主人揖升，主人自升也，衆賓尙在堂下，至主人于西階上獻爵，衆賓始一一升受之耳。經文自明，疏以揖升爲揖衆賓升，非也。又記云：衆賓之長，一人辭洗，如賓（禮），當亦從堂下東行辭之，疏以爲降辭，亦未是。」

案：主人在阼階下西南面旅拜衆賓之後，又行了一揖，升堂，在西楹下（卽西楹南）跪坐着拿起爵，這是受介酢時擺在那兒的，然後又由阼階降，準備去洗爵獻衆賓。

主人在洗北南面擬洗時，衆賓中年高有德之一人，到洗南北面辭洗。

主人洗爵後，回到堂上，到房戶間尊所酌酒後，便到西階上，西南面獻衆賓。因爲禮成於三，所以只有衆賓之長三人，升堂拜受，其餘的仍在西階下東面之位。

主人拜送。

鄭注：「於衆賓右。」

案：主人行拜送爵之禮時，面向北。

坐祭，立飲，不拜既爵，授主人爵，降復位。

記：「立卒爵者，不拜既爵。」

鄭注：「既、卒也。卒爵不拜，立飲立授，賤者禮簡。」

句讀：「一人飲畢，授爵降，次一人乃升拜受也。」

案：衆賓之長升拜受的儀節是第一個衆賓之長升堂後，主人執實爵西南面獻之，衆賓北面受，主人回到西階上衆賓右邊行拜送爵之禮。而衆賓北面受爵答拜後，因位又次於介，不拜既爵，所以跪坐着祭酒之後，就站起來喝酒，喝完後把虛爵授給主人，表示位卑，不敢言酢，於是就降堂，回到西階下東面介南之位。主人又到尊所酌酒，來獻第二個衆賓之長，第二個衆賓之長等第一個降堂才升拜受，同樣的，第二個降堂後，第三個才升拜受。

衆賓獻，則不拜受爵，坐祭立飲。

鄭注：「次三人以下也，不拜，禮彌簡。」
句讀：「亦升受，但不拜耳。」
案：衆賓之長三人先後升拜受後，第四個以後的衆賓也先後升受獻，但因位益卑，不敢勞煩主人拜送（見集說），所以不拜受爵。少儀說：「小子舉爵，則坐祭立飲下。」可與本段及上段參照。

每一人獻，則薦諸其席。

鄭注：「謂三人也。」
集說：「此薦之節，當在坐祭立飲之後，……又既飲乃薦，遠下賓介也。」
句讀：「席次賓介西，前經云，衆賓之席皆不屬焉是也。」
案：衆賓之長在堂上有席位，「陳設」一節已經言及，因此脯醢薦進在他們各人的席前。薦進的時節，據敖氏的說法，是在坐祭立飲之後。

衆賓辯有脯醢。

鄭注：「亦每獻薦於其位，位在下。今文辯皆作徧。」
賈疏：「堂下立侍，不合有席，既不言席，故位在下。」
案：這兒的衆賓，指衆賓之長三人以外的衆賓而言。他們也都有薦，就設在他們的立位之前。

擺設的方法見前。

主人以爵降，奠于篚。

鄭注：「不復用也。」

案：主人在西階上獻衆賓，禮畢之後，就拿着虛爵由阼階降堂，把它放在堂下之篚內，表示不再用此爵了。

附圖二　主人獻賓

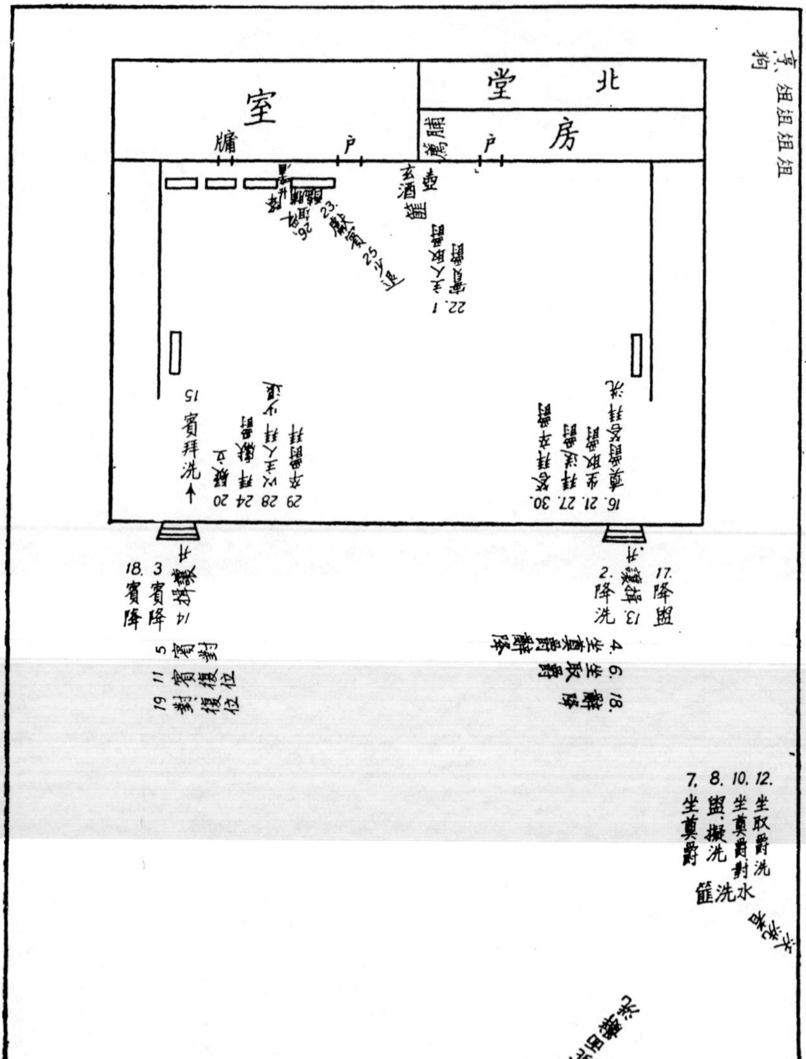

附圖三 賓酢主人

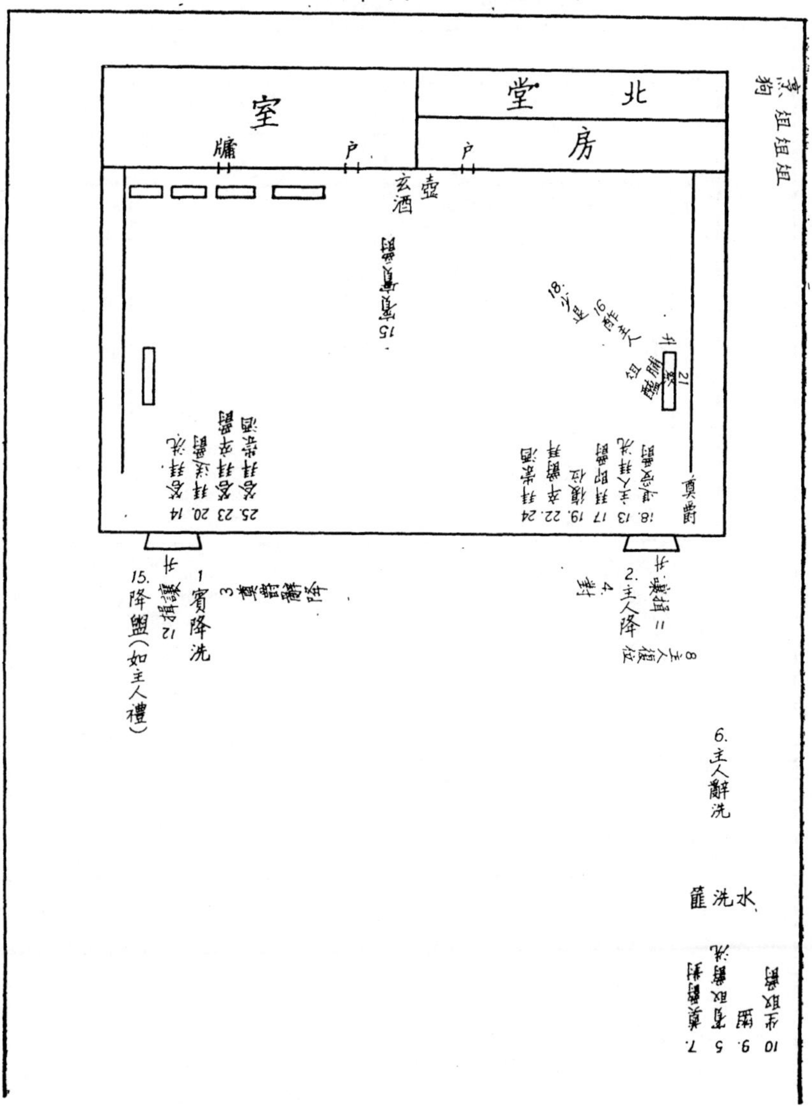

附圖四 主人酬賓

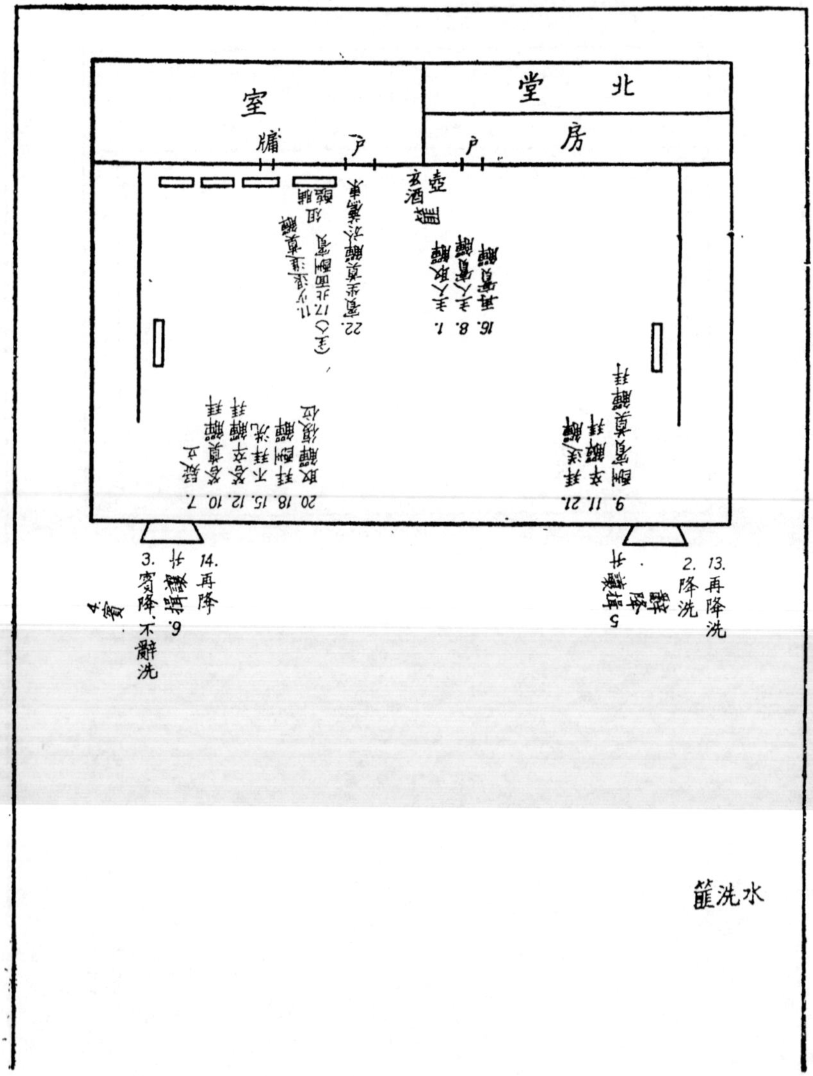

附圖五　主人獻介

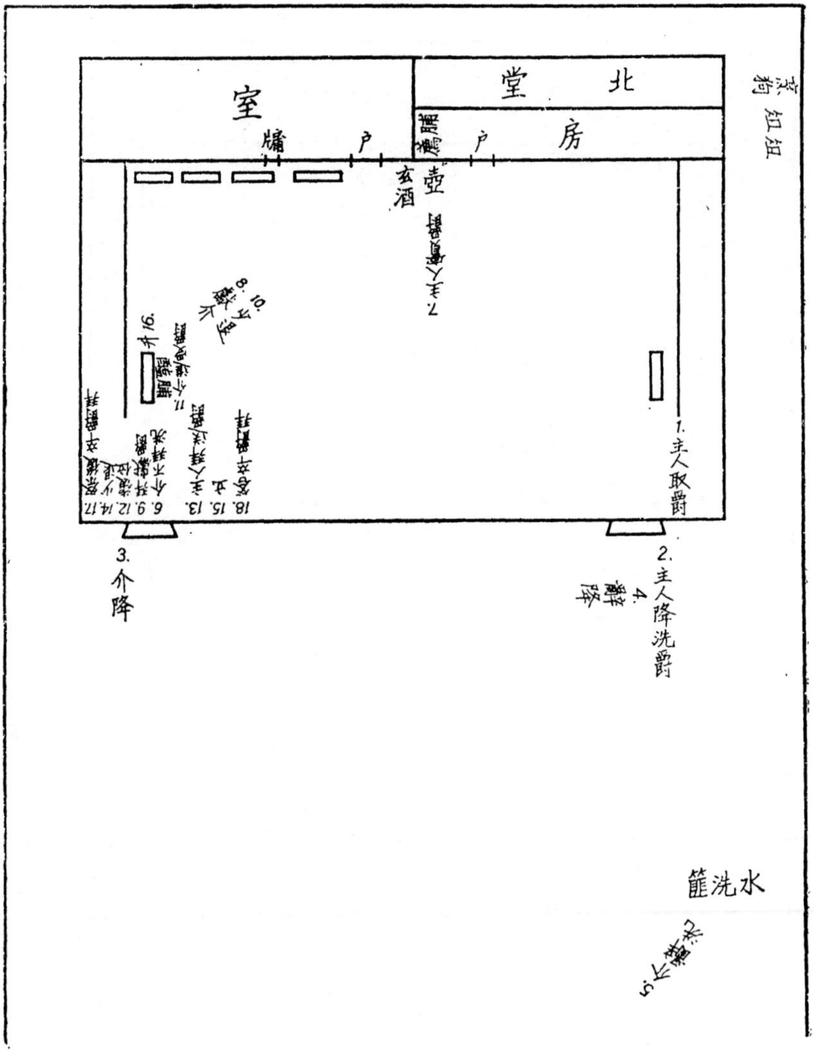

附圖六　介酢主人

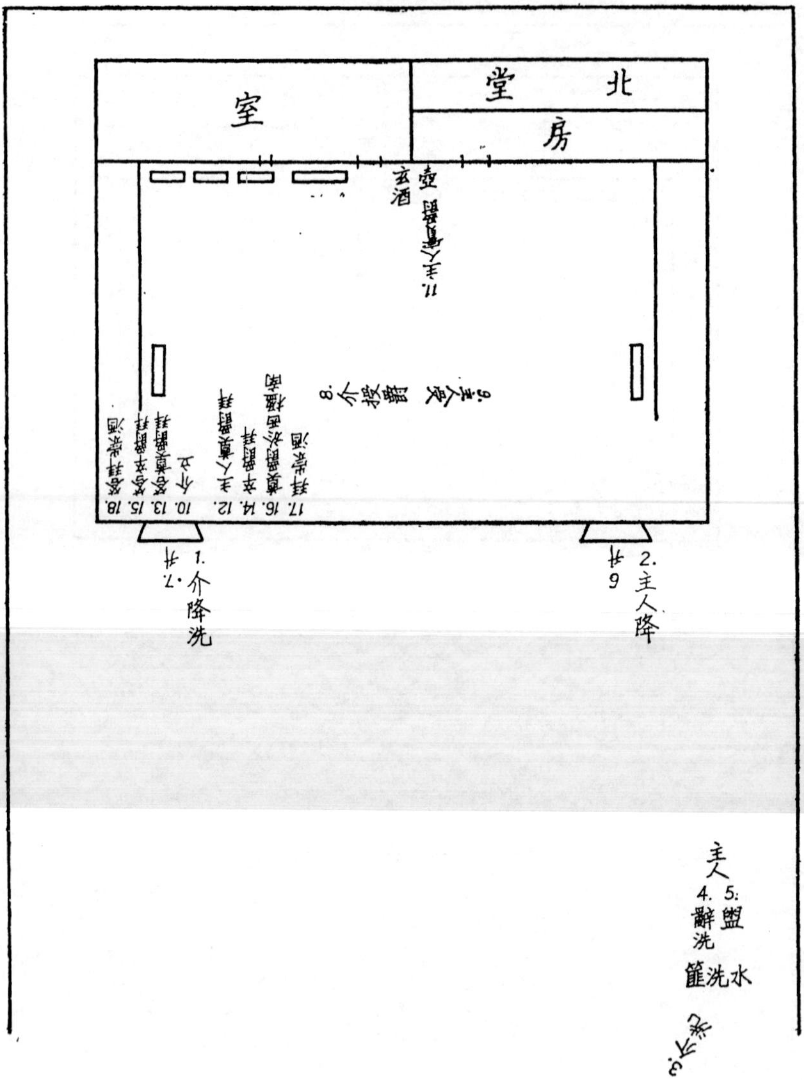

附圖七　主人獻衆賓

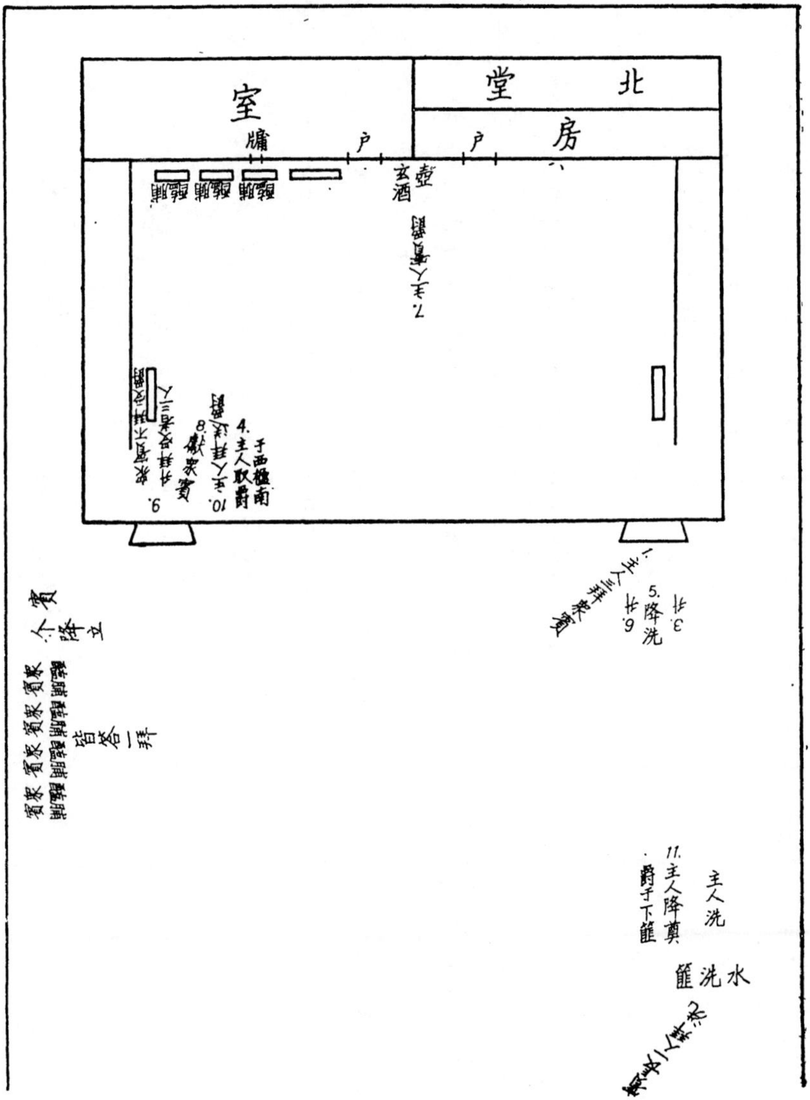

第三章　飲酒禮第二段：樂賓

第一節　一人舉觶

揖讓升，賓厭介升，介厭衆賓升，衆賓序升，卽席。

鄭注：「序，次也。卽，就也。今文厭皆爲揖。」

句讀：「此下言一人舉觶，待樂賓後，爲旅酬之端也。揖讓升，謂主人，蒙上以爵降之文也。衆賓序升，謂三賓，堂上有席者。」

案：賓厭介，介厭衆賓時，都是向東面並立而厭的。衆賓指堂上有席的衆賓之長三人而言。據敖繼公集說：「三賓長則不相厭，但以次序而升耳。」主人、賓、介、衆賓升堂後，都各就其席，立于席上。

一人洗，升，舉觶于賓。

記：「主人之贊者，西面北上。」

鄭注：「一人，主人之吏，發酒端曰舉。」

案：主人的一個屬下，原來在阼階下西面之位，此時到堂下之篚的南邊，北面拿了一個觶，洗了後，由西階升，準備來酬賓。

賓觶，西階上坐奠觶，遂拜，執觶興，賓席末答拜，坐祭，遂飲，卒觶興，坐奠觶，遂拜，執觶興，賓答拜，降洗，升實觶，立于西階上，賓拜。

鄭注：「賓拜，拜將受觶。」

賈疏：「賓席末答拜者，謂於席西南面，非謂席上近西謂末，以其無席上拜法也。已下賓拜皆然。」

案：「一人」西階上坐奠觶時，面向北。酬禮先自飲以導賓，所以舉觶之「一人」，先自飲而後降洗，而後升實觶酬賓，關於這些儀節，請參見「主人酬賓」一節。

至於「賓席末答拜」一語，歷來說法不一，賈疏是以為在席西南面，離開坐席的，而集說、管見則以為賓未離席，只是「稍違其位」而已。因為按禮沒有在席位上行拜禮的，集說、管見既說是未離席，顯與此說不合，故採用賈疏的說法。

進坐奠于薦西。賓辭，坐受以興。

鄭注：「舉觶不授，下主人也。主坐受者，明行事相接，若親受，謙也。」

句讀：「案主人酬賓，亦奠觶而不親授，似酬法當然。註以為下主人，恐宜再議。」

管見：「前主人獻則授，酬則奠，此舉觶即奠，以下主人故也。賓不敢當，故辭。」

案：因不敢親授，故舉觶者奠觶於薦西；薦西，於賓爲薦右。賓坐受以興者，表示親受的意思。

舉觶者西階上拜送，賓坐奠觶于其所。

鄭注：「所，薦西也。」

集說：「下經云賓坐取俎西之觶，卽此觶也，其於薦西爲少南，乃云其所者，明其近於故處也，必奠于其所者，降於主人，且別於不舉者也。」

句讀：「作樂後，立司正，賓取此觶以酬主人。以其將舉，故奠之於右。」

案：舉觶者西階上拜送時，面向北。賓受觶後，未飲，復跪，奠於薦西稍南處，也就是說稍近於俎西，所以後文「賓酬主人」時說「賓北面坐取俎西之觶」。「主人酬賓」時，主人奠觶於薦西，賓取而奠於薦東者，以其觶卒不用；此觶乃奠於其所者，以其仍將舉用也，記說的：「凡奠者於左，將舉於右。」

舉觶者降。

鄭注：「事已。」

賈疏：「鄉射舉觶者降後，有大夫，此不言者，大夫，觀禮之人，或來或否，故不言也。」

案：幾乎所有的板本，「遵者入之禮」都放在「賓出」之後，而不接於本節之下，（據個人所知，僅楊復儀禮圖接於本節之下。）現在為了敍述的方便，把「遵者入之禮」移接本節之後。

第二節　遵者入之禮

賓若有遵者，諸公大夫，則既「一人舉觶」，乃入。

鄭注：「不干主人正禮也，遵者，諸公、大夫也。謂之賓者，同從外來耳。大國有孤，四命謂之公。」

句讀：「此下言諸公大夫來助主人樂賓，主人與為禮之儀，遵不必至，故曰：若有，當一人舉觶畢，瑟笙將入之時，乃入。註云不干主人正禮，謂主人獻酢之禮也。樂作後，又後樂賓，故此時乃入。」

案：因為不干主人正禮，所以諸公大夫要是早到的話，也要在庠門外等候，等到「一人舉觶」之禮已畢，才進入：記說：「樂作，大夫不入」，由此又可見諸公大夫在樂作後，就不便進入了。

席于賓東，公三重，大夫再重。

記：「若有諸公，則大夫於主人之北，西面。」注：「其西面者，北上，統於公。」疏：「若無諸公，則大夫南面，西上，統於尊也。」

鄭注：「席此二者於賓東，尊之，不與鄉人齒也。天子之國，三命者不齒；於諸侯之國，爵為大夫，則不齒矣。不言遵者，遵者亦卿大夫。」

句讀：「云席于賓東者，賓在戶牖之間，酒尊在房戶間，正在賓東，不容置席，則席遵者，當又在其東，但繼賓而言耳，其實在酒尊東也。不與鄉人齒者，衆賓之席，繼賓而西，是與相齒，此特為位於酒尊東，不在衆人行列中，故云不與齒也。」

案：要是有諸公的話，那麼諸公的席位，就設在酒壺的東邊，席有三重，席首朝西方擺，面向南；大夫的席位，擺在主人席位的北方，席二重，面向西，席首朝北方擺，此蓋諸公之席統於尊、大夫之席統於公的緣故。要是沒有諸公的話，大夫的席位就在尊東，西上，南面。

公如大夫，入。主人降，賓介降，衆賓皆降，復初位。主人迎，揖讓升；公升如賓禮，辭一席，使一人去之。

鄭注：「如，讀若今之若，主人迎之於門內也。辭一席，謙自同於大夫。」

集說：「入謂入門左也。……迎不拜者，別於賓介，亦以其在門內也。」

句讀：「公若大夫入，言或公入，或大夫入，其降迎皆如下文所云也。如賓禮，謂拜至、獻爵、酢爵，並如之也。」

案：復初位，是說回到西階下東面之位。「如賓禮」（拜至、獻爵、酢爵）等儀節請參閱前文，又，鄉射禮「遵入獻酢之禮」一節頗可補本段之不足，請一併參照。

辭一席者，是說公表示謙遜，當主人在阼階上北面行拜送爵時，公也在西階上北面行辭席之禮。

大夫則如介禮，有諸公，則辭加席，委于席端；主人不徹。無諸公，則大夫辭加席，不去加席。

鄭注：「加席，上席也。大夫席再重。」

句讀：「如介禮，其入門升堂獻酢等，皆如介之殺於賓也。」

案：有諸公的時候，大夫不敢席二重，表示謙遜，自己把上面的席子捲起來，放在席端，主人並不派人幫忙他，以示與諸公有別。沒有諸公的時候，大夫辭加席時，主人就向他說些不敢去席的話，大夫也就不去加席。

請參閱鄉射禮「遵入獻酢之禮」一節。

第三節　升歌三終及獻工

設席于堂廉，東上。

鄭注：「爲工布席也。側邊曰廉。燕禮曰『席工於西階上，少東。樂正先升，北面……』，此言樂正先升，立于西階東，則工席在階東。」

句讀：「此下作樂樂賓，有歌，有笙，有間，有合，凡四節。疏云：註引燕禮，欲證工席在西階東，據樂正於西階東而立在工西，則知工席更加在階東，此言近堂廉，亦在階東，彼云階東，亦近堂廉也。」

案：設席時，席首朝東方擺，這是統於主人的緣故。席面北向。

工四人，二瑟，瑟先，相者二人，皆左何瑟，後首，挎越，內弦，右手相。

鄭注：「四人，大夫制也。二瑟，二人鼓瑟，則二人歌也。瑟先者，將入，序在前也。相，扶工也，衆賓之少者爲之，每工一人。鄉射禮曰『弟子相工如初入』，天子相工使視瞭者，凡工，瞽矇也，故有扶之者。師冕見及階，子曰：階也，及席，子曰：席也，固相師之道。後首者，變于君也。挎，持也。相瑟者，則爲之持瑟；其相歌者，徒相也。越，瑟下孔也。內弦，側擔之者。」

句讀：「瑟底有孔，以指深入謂之挎。內弦，弦向內也。」

案：樂工有四個人，兩個鼓瑟，兩個唱歌，因爲樂工都是瞎子，所以每個樂工有一個相者來扶持他。鼓瑟的兩個樂工走在前面，扶持的相者，都是用左肩荷瑟，瑟首向後，用左手的大姆指承瑟下廉，而以三指鉤入瑟底孔中，瑟絃向身，右手則扶着樂工。

樂正先升，立于西階東。

鄭注：「正，長也。」

案：鄉射禮：「樂正先升，北面立于其（按、指樂工）西」，與本文互見。

工入，升自西階，北面坐。相者東面坐，遂授瑟，乃降。

鄭注：「降立于西方，近其事。」

集說：「相者東面坐于其席前之西也，授瑟，以瑟首向東授之。」

案：由本段可知樂工入門由西階升堂後，都面向北，依序坐在席上。扶持他們的人，扶他們坐好後，那兩個荷瑟的相者把瑟授給鼓瑟的樂工，授的方法，集說已說明了，然後降堂，站在西階西之位。

工歌鹿鳴、四牡、皇皇者華。

鄭注：「三者皆小雅篇也。鹿鳴，君與臣下及四方之賓燕，講道修政之樂歌也，此采其已有旨酒，以召嘉賓，嘉賓既來，示我以善道，又樂嘉賓，有孔昭之明德，可則傚也。四牡，君勞使臣之來樂歌也，此采其勤苦王事，念將父母，懷歸傷悲，忠孝之至，以勞賓也。皇皇者華，君遣使臣之樂歌也，此采其更是勞苦，自以爲不及，欲諮謀于賢知，而以自光明也。

案：這就是所謂升歌三終。

卒歌，主人獻工，工左瑟，一人拜，不興，受爵，主人阼階上拜送爵。

鄭注：「一人，工之長也，凡工賤，不爲之洗。」

句讀：「工左瑟者，移瑟于左，身在瑟右，以便受爵也。」

記：「獻工與笙，取爵于上篚，既獻，奠于下篚。」

案：主人到堂上之篚內又取一爵，不洗，酌酒後到樂工處，面向西南來獻酒。樂工北面受爵，因爲是瞽子，行動不便，所以受爵時不必站起來，這裏的樂工指的是「工之長」一個人。

主人獻爵後，回到阼階上行拜送爵之禮，面向北。

薦脯醢，使人相祭。

鄭注：「使人，相者，相其祭酒祭薦。」

案：因爲樂工是瞽子，祭酒祭薦不方便，所以派相者幫忙他祭。相者此時由西階下稍西處升堂相祭，祭完後，又回到堂下原位。

工飲，不拜既爵，授主人爵。

鄭注：「坐授之。」

案：這裏所謂工，指前「一人拜」之一人。記：「坐卒爵者，拜既爵；立卒爵者，不拜既爵。」注：「隆殺各從其宜，不使相錯，唯工不從此禮。」這當然也因爲樂工是瞽子的關係。他喝完後，不行拜既爵之禮，主人這時又由阼階上到樂工處來受爵。受爵時，主人面向西南。

衆工則不拜受爵，祭飲，辯有脯醢，不祭。

鄭注：「祭飲，獻酒重，無不祭也。」

案：這裏的所謂衆工，指的是除了前面拜受爵祭薦之一人以外的三個樂工而言。他們不祭薦，酒則祭而後飲。祭酒時應該也有相者。

大師，則爲之洗，賓介降，主人辭降。工不辭洗。

鄭注：「大夫，若君賜之樂，謂之大師。則爲之洗，尊之也。賓介降，從主人也。工，大師也。上既言獻工矣，乃言大師者，大師，或瑟或歌也。其獻之，瑟則先，歌則後。」

句讀：「大師在瑟歌四人之內，通謂之工，獻之亦依瑟先歌後之序，但爲之洗，爲不同。」

案：四個樂工內假使有大師，那麼獻時，要爲他降堂去洗爵，大師因爲是瞽子，所以不用降堂辭洗，而賓介雖然表示不敢留在堂上，但主人則表示不敢勞他們降堂，蓋因洗爵非爲獻賓介也。

第四節　笙奏三終及獻笙

笙入，堂下磬南，北面立。樂南陔、白華、華黍。

鄭注：「笙，吹笙者也，以笙吹此詩以爲樂也。南陔、白華、華黍、小雅篇也，今亡，其義未聞。」

集說：「磬南，阼階西南也。北面立，蓋亦東上。」

句讀：「磬縣南面，其南當有擊磬者，此笙入磬南，北面，在磬者之南，北面也。詩序云：南陔，孝子相戒以養也；白華，孝子之潔白也；華黍，時和歲豐、宜黍稷也。疏謂鄭君註禮時，尚未見詩序，故云其義未聞，先儒又以爲有其義，亡其辭，朱子則云『笙詩有聲無辭，古必有譜，如魯鼓薛鼓之類，而今亡矣』爲得之。」

案：記云：「磬，階間縮霤，北面鼓之。」注：「縮，從也，霤以東西爲從。」由此可知磬的位置。

吹笙的一共有四個人（三笙一和）他們等到主人獻工後，才由庠門外進入，因爲「匏竹在下」，堂下不設席，所以吹笙者站在磬的南方，面向北，據記說，立者北面者東上，由此可知他們的排列次序。又，吸笙者不是瞎子，所以沒有相者。

主人獻之于西階上。一人拜，盡階，不升堂，受爵。主人拜送爵。階前坐祭立飲，不拜既爵，升授主人爵。

鄭注：「一人，笙之長者也。笙三人，和一人，凡四人。鄉射禮曰：笙一人拜于下。」

句讀：「一人拜，謂在地拜，鄉射記云：三笙一和而成聲，爾雅云：笙小者，謂之和，前獻歌工，在阼階上，以工在西階東也。此獻笙，在西階上，以笙在階下也。」

記：「立卒爵者，不拜既爵。」

案：主人在西階上獻吹笙者時，面向西南。笙之長拜受爵時，先在西階前地上行拜禮，然後升階，階有三級，則升到第三級，受爵後又下階，在階前坐祭立飲。拜、受時都向北面。

主人在西階上行拜送爵之禮時，也是面向北。

笙之長升授主人爵時，仍然向北面。

衆笙則不拜受爵，坐祭，立飲；辯有脯醢，不祭。

鄭注：「亦受爵于西階上，薦之皆於其位，磬南。今文辯作徧。」

案：吹笙的有四個人，除了前面一個拜受爵外，其他的三個也都到西階上受爵，受時面向北，只是不行拜禮罷了。

第五節　間歌三終

乃間歌魚麗，笙由庚；歌南有嘉魚，笙崇邱；歌南山有臺，笙由儀。

鄭注：「間，代也，謂一歌則一吹。六者，皆小雅篇也。魚麗，言太平年豐物多也。此采其物多酒旨，所以優賓也；南有嘉魚，言太平，君子有酒，樂與賢者共之也，此采其能以禮下賢者，賢者纍曼而歸之，與之燕樂也；南山有臺，言太平之治，以賢者爲本，此采其愛友賢者，爲邦家之基，民之父母，既欲其身之壽考，又欲其明德之長也。由庚、崇邱、由儀，今亡，其義未聞。」

案：所謂間歌，是說堂上鼓瑟一歌後，則堂下吹笙一曲，更代而作的意思。

第六節　合樂及告樂備

乃合樂周南：關雎、葛覃、卷耳，召南：鵲巢、采蘩、采蘋。

鄭注：「合樂，謂歌樂與衆聲俱作。周南、召南，國風篇也，王后國君夫人房中之樂歌也。關雎言后妃之德，葛覃言后妃之職，卷耳言后妃之志，鵲巢言國君夫人之德，采蘩言國君夫人不失職，采蘋言卿大夫之妻能循其法度……，夫婦之道，生民之本，王政之端，此六篇者，其教之原也，故國君與其臣下及四方之賓燕，用之合樂也。」

案：所謂合樂，就是堂上鼓瑟，堂下笙磬合奏的意思。孔穎達鄉飲酒義正義：「合樂三終者，謂堂上下歌瑟及笙並作也。若工歌關雎，則笙吹鵲巢合之……」，朱子不贊同這種說法，淩廷堪釋例更申辯之，以爲如此的話，與間歌並無多大的差別，而且也沒有這樣的合樂法，所以毛奇齡說的「工歌關雎，則堂上之瑟，堂下之笙管，皆羣起而應之，其歌葛覃、卷耳、鵲巢、采蘩、采蘋皆然。」似乎是比較可以採信的說法。

工告于樂正曰：正歌備。樂正告于賓，乃降。

鄭注：「樂正降者，以正歌備，無事也。降，立西階東，北面。」

賈疏：「鄭知降立西階東北面者，以其在堂上時，在西階之東北面，知降堂下亦然，在笙磬之西，亦得監堂下之樂，故知位在此也。

案：工指樂工之長。正歌，指獻酬正用之歌，表示和無算爵有分別。樂正所以告于賓者，蓋飲酒禮主於賓，歌亦以樂賓之故。樂正告于賓時，面向北。

附圖八　一人舉觶

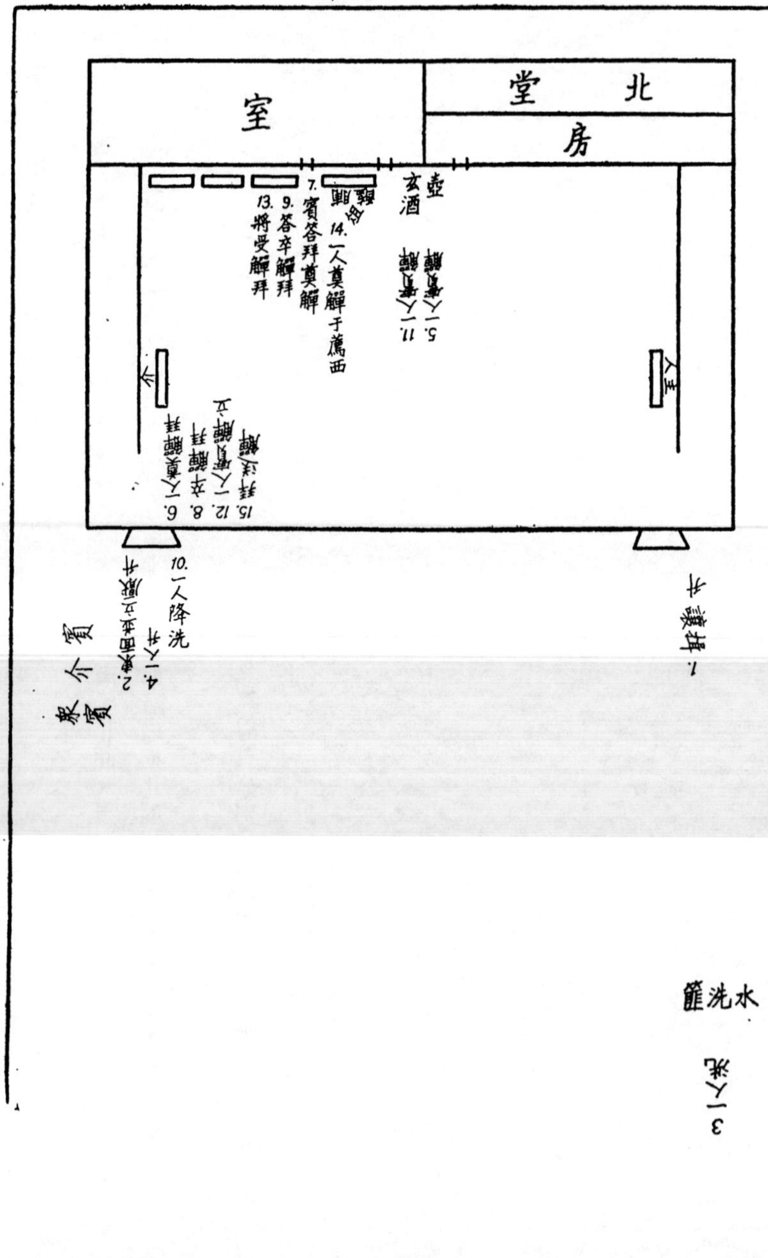
北　堂
室
房
壺
玄酒
7. 賓答拜
9. 答卒觶拜
13. 將受觶拜
14. 一人奠觶于薦西
5. 一人實觶
11. 一人實觶
主人
賓
10. 一人降洗
1. 揖讓升
介
眾賓
主人贊者
水洗篚
3. 一人洗

附圖九　工入笙入

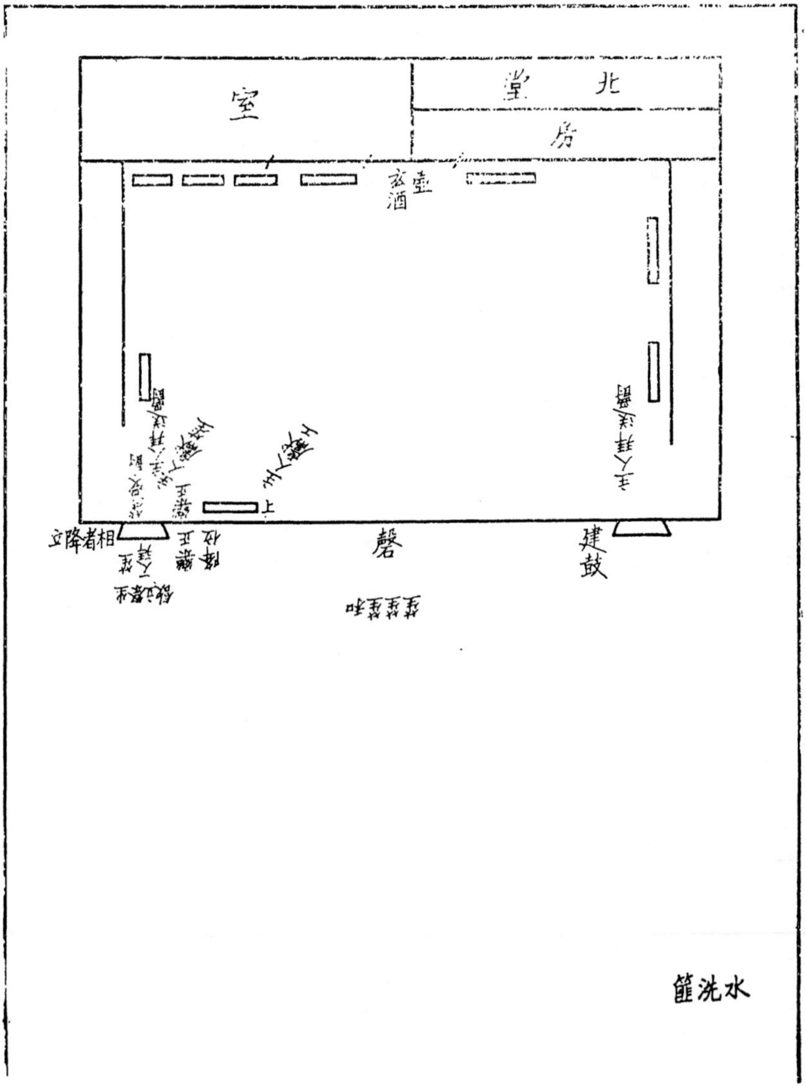

第四章　飲酒禮第三段：旅酬

第一節　司正安賓

主人降席自南方。

鄭注：「不由北方，由便。」

句讀：「此下言旅酬之儀，立司正以監酒，司正安賓、表位，於是賓酬主人，主人酬介，介酬衆賓，衆賓以次皆徧焉。」

案：主人席以南方為上，故降自南方。所謂由便，蓋言下阼階比較方便。

側降。

句讀：「側，特也。降謂降階，主人獨降，而賓介不從者，禮殺故也。」

鄭注：「賓介不從。」

作相為司正，司正禮辭，許諾。主人拜，司正答拜。

鄭注：「作，使也。禮樂之正既成，將留賓，為有懈惰，立司正以監之。拜，拜其許。」

句讀：「卽前一相迎賓門外者，至此復使爲司正也。」

案：司正就是監賓主之飲酒、正賓主之禮者。古人飲酒之法，必立監佐史，以察其禮儀。詩「賓之初筵」說：「既立之監，或佐之史」，戰國策淳于髡游說齊威王時說：「飲酒大王之側，執法在前，御史在後。」可以證之。

主人降堂後，在阼階前命與他迎賓的相爲司正，相此時是因阼階下西面之位，於阼階下之堂塗爲稍東，故主人東南面而命。

司正一辭而許，答拜時，面南西。

主人升，復席。司正洗觶，升自西階，阼階上，北面受命于主人。主人曰：請安于賓。司止告于賓，賓禮辭，許。

鄭注：「爲賓欲去，留之，告賓於西階。」

爾雅釋詁：「安，止也。」

案：主人立司正後，又由阼階升堂，從席的北方升席。而司正受命後，就到堂下之篚內，北面而取一觶，洗完後，由西階升堂，因爲此時樂工尚坐在西階上稍東的堂廉，所以司正要由「楹內（卽楹北）適阼階上」（見鄉射禮），接受主人命令。主人說：「請賓留下來，多坐一會兒。」司正受命後，就到「西階上，北面請安于賓」（見鄉射禮），賓當時在席末，面向南，回答的話大概是「已經接受了主人旨酒嘉肴的招待，不敢再打擾了。」司正再請留，於是賓答應了下來。

司正告于主人，主人阼階上再拜。賓西階上答拜。司正立于楹間，以相拜。皆揖，復席。

鄭注：「再拜，拜賓許也。司正既以賓許告主人，遂立楹間以相拜，賓主人既拜，揖就席。」

案：司正又用楹北到阼階上，面向北，報告主人說賓已經答應留下來。於是主人由席的南方降席，到阼階上北面再拜，賓也到西階上北面行答拜之禮。而司正站在兩楹間，稍近堂廉，北面說些話，贊主人及賓之拜。鄉射注：「相，謂贊主人及賓相拜之辭。」

賓和主人拜完後，互相又揖了一次，面向仍是北面，然後就各自回到自已的席位上。

這裏有一點需要特別說明的，就是司正升堂後，手中一直拿着觶。

第二節　司正表位

司正實觶，降自西階，階間北面坐奠觶，退共，少立。

鄭注：「階間北面，東西節也，其南北當中庭。共，拱手也。少立，自正愼其位也。已帥而正，孰敢不正？燕禮曰：右還北面。」

句讀：「右還北面，謂降自西階，至中庭時，右還就位。」

案：為了導飲，故至尊所酌酒。堂下兩階間南北當中庭北面坐奠觶者，即所謂表位。表位後，退幾步，拱着手，併足，端正自已的儀態，一則表示自己愼重其位，一則希望賓與主人亦皆正愼其位。

坐取觶，不祭，遂飲，卒觶興，遂拜，執觶興，洗，北面坐奠觶于其所，退立于觶南。

鄭注：「洗觶奠之，示潔敬，立於其南以察衆。」

集說：「坐取觶，亦進坐取觶而反坐也。不祭者，變於獻酬也。卒觶拜者，宜謝主人也。酒，主人之物也。主人不答拜者，不與爲禮，則不敢當也。主人請立司正，而司正乃實觶自飲者，所以爲識，又欲因以虛爵識其位也。洗觶奠之，不敢苟也。」

管見：「未飲前則奠觶而退共少立，既飲後則奠而拜，拜而洗，洗而奠，奠而復退立，皆一人獨自行禮，愼重其威儀以爲表也。」

案：司正坐取觶以至執觶興，都是向北面。洗觶時，亦北面。

第三節　賓酬主人

賓北面坐取俎西之觶，阼階上北面酬主人。主人降席，立于賓東。

鄭注：「初起旅酬也。凡旅酬者，少長以齒，終於沃盥者，皆弟長而無遺矣。」

句讀：「俎西之觶，謂作樂前，一人舉觶，奠于薦右者也，今爲旅酬而舉之，前主人酬賓奠于薦東之觶不舉，故言俎西以別之，主人降席，不言自南自北，下記云：『主人、介凡升席自北方，降席自南方』，指此文也。註云：終于沃盥，言酬爵之無不徧，實連無筭爵而言。下記云：『主人之贊者，西面北上不與，無筭爵，然後與』，其實旅酬時，尚未及沃洗也。」

案：立于賓東，就是說主人降席後在阼階上，站在賓的右邊，亦北面立。

賓坐奠觶，遂拜，執觶興，主人答拜，不祭，立飲，不拜卒觶，不洗，實觶，東南面授主人。

記：「凡旅，不洗；不洗者不祭。既旅，士不入。」

鄭注：「賓立飲卒觶，因更酌以鄉主人，將授。」

案：因爲主人在阼階上，所以賓到房戶間尊所酌酒後，東南面授之。

主人阼階上拜，賓少退，主人取觶，賓拜送于主人之西。

鄭注：「旅酬同階，禮殺。」

賈疏：「決上正酬時不同階，今同階，故云禮殺也。」

案：主人拜、受觶、賓拜送時，皆北面。

賓揖，復席。

鄭注：「酬主人訖。」

第四節　主人酬介

主人西階上酬介，介降自南方，立于主人之西，如賓酬主人之禮，主人揖，復席。

鄭注：「其酌實觶，西南面授介，自此以下旅酬，酌者亦如之。」

朱子：「賓主介相酬，皆北面，但實觶之後，授觶之時，實則東南面授主人，主人則西南面授介；已授之後，卽授者又還北面之位，賓則拜送於主人之西，主人則拜送于介之東，皆北面。故下文受介酬者亦既受，乃還，北面拜受也。」（據正義引）

句讀：「主人以所受于賓之觶，往酬介，亦先拜介自飲，實觶受介，拜送於其東，註『自此以下旅酬，酌者亦如之』，謂皆西南面授之也。」

案：主人得實觶後，未飲，先到西階上，北面酬介，等到介降席立于其西，卽亦在西階上北面之位，主人才「如賓酬主人之禮」：先拜介自飲，然後到尊所實觶，到西階上西南面授介（因介立于其西），然後回到西階上北面酬介之位，在介東行拜送之禮。

第五節　介酬衆賓、衆賓旅酬

司正升相旅曰：某子取酬，取酬者降席。

鄭　：「旅，序也，於是介酬衆賓，衆賓又以次序相酬。某者，衆賓姓也，同姓，則以伯仲別之，又同，則以其字別之。」

集說：「相旅，謂相旅酬之禮，曰某子受酬，卽其事也。或言旅，或言酬，互見耳。於賓酬主人，主人酬介，司正不升，惟相之於下耳，尊之也。若有遵者，則先衆賓酬之，既則司正乃升也。」本義：「受酬者聞其呼己，乃降席，未受者不得越次也。」

案：司正在賓酬主人、主人酬介時，站在堂下中庭北面之位，監飲而已，到了介酬衆賓時，就由西階升堂，因為堂上西階稍東有樂工，西階上有介，所以站在西階西北面之位（參見下段鄭注），來幫助、監視旅酬的禮節。

司正退立于序端，東面。

鄭注：「辟受酬者，又便其贊上贊下也。始升相，西階西、北面。」

賈疏：「司正初時，在堂上西階西，北面命受酬者訖，退立于西序端東面者，一則案此下文『衆受酬者受自左』，卽司正立處，故需辟之，二則東面時贊上贊下便也。」

取酬者自介右。

鄭注：「由介東也，尊介，使不失其位。」

集說：「受介酬者，獨居介右，與他受酬者不同，明介尊，不與衆賓序也，若遵者受介酬亦然，自介右，則介當東南面酬之。」

案：敖繼公作東南面者，非。衆賓第一人雖然受酬自介東，但是介拜興飲後，還要到房戶間尊所酌酒，然後授受酬者於西階上，故應西南面授之。「主人酬介」鄭注：「其酌實觶，西南面授介，自此以下旅酬，酌者亦如之。」

衆受酬者受自左。

鄭注：「後將受酬者，皆由西，變於介也。今文無衆酬也。」

句讀：「衆賓首一人受介酬，自介右受之，第二人以下，受其前一人酬，皆自其左受之也。凡授受之法，授由其右，受由其左，以尊介，故受由右，餘人自如常禮也。」

拜、興、飲皆如賓酬主人之禮。

鄭注：「嫌賓以下異也。」

集說：「亦惟受酬者立于酬者之西，及酬者既受觶進西南面為異耳。」

案：請參見「賓酬主人」一節。

辯，卒受者以觶降，坐奠于篚。

鄭注：「辯，辯衆賓之在下者。鄉射禮曰『辯，遂酬在下者，皆升受酬于西階上。』」

句讀：「辯，辯衆賓之在下者，謂既酬堂上，又及堂下，無不徧也。」

案：賓長第二人酬賓長第三人，然後賓長第三人酬堂下之衆賓，衆賓以次而酬，卒受者因已無所酬，故降堂奠觶于堂下之篚。

記云：「主人之贊者，西面北上，不與；無算爵，然後與。」可知所謂「辯」者，乃指堂下之衆賓而言。

口、正降復位。

鄭注：「觶南之位。」

案：復位卽降堂回到兩階間當中庭觶南北面之位。

附圖十　司正安賓、表位

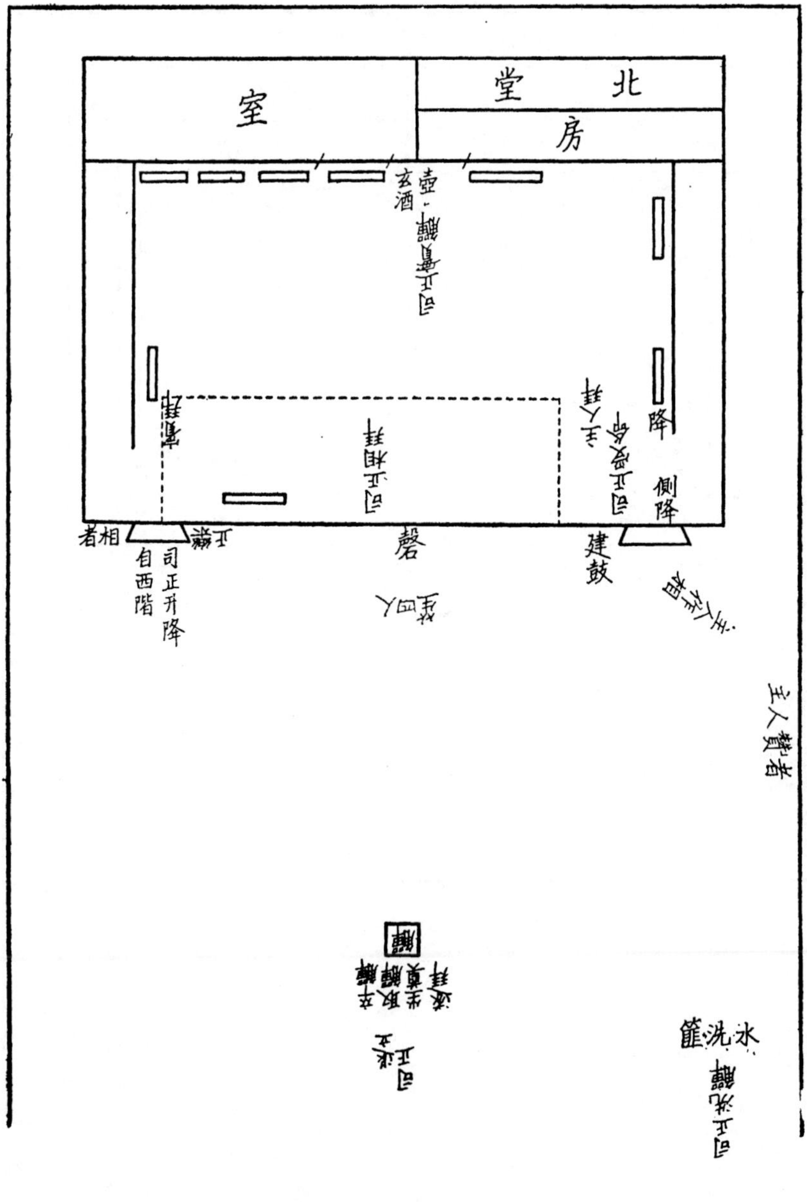

附圖十一　旅酬

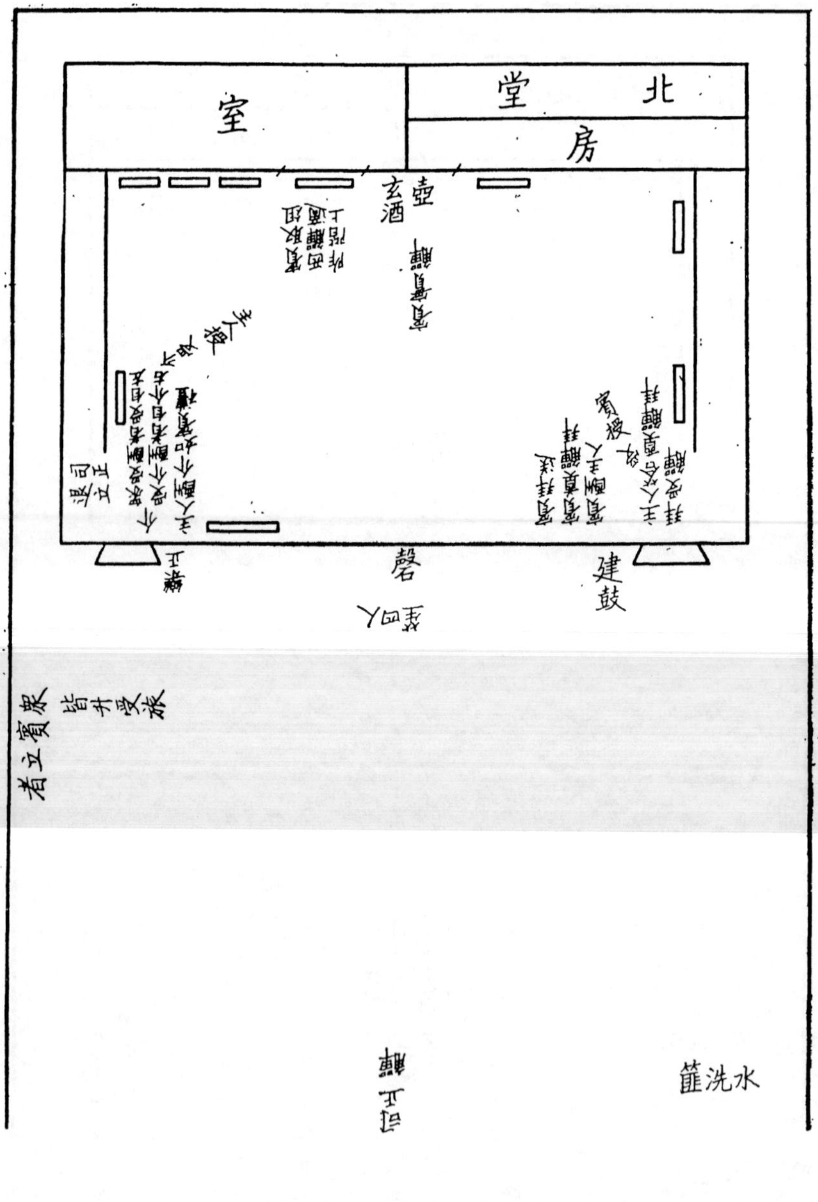

第五章　飲酒禮第四段：無算爵樂

第一節　二人舉觶

使二人舉觶于賓介。洗，升實觶，于西階上，皆坐奠觶，遂拜，執觶興，賓介席末答拜，皆坐祭，遂飲，卒觶，興，坐奠觶，遂拜，執觶興，賓介席末答拜。

鄭注：「二人，亦主人之吏，若有大夫，則舉觶于賓與大夫。燕禮曰：『媵爵者立于洗南，西面、北上，序進盥洗。』」

句讀：「此下言無算爵，初使二人舉觶，次徹俎，次坐燕，飲酒之終禮也。賓介席末答拜者，賓於席西南面答，介於席南東面答也。註引燕禮，證此二人將舉觶，其盥洗亦如之也。」

本義：「二人舉觶于賓，一人舉觶於介，皆先自酌以導飲。」

案：郝敬說：「使，司正以主人意使也。」敖繼公也說：「亦代主人行事也。」可見是司正使二人舉觶。

據前注所引燕禮，我們曉得二人盥洗時一先一後，由西階升時，亦一先一後。舉觶之二人在西階上行禮時，皆北面。

注云：「若有大夫，則舉觶于賓與大夫」，疏亦云：「以大夫尊於介故也。」然而敖繼公集說說：「正言賓介者，明雖有大夫，猶及介。」盛世佐集編也說：「鄉飲酒專以尊賢，非為貴貴，大夫雖尊，不當先介，且鄉飲酒義云『坐僎於東北，以輔主人』，則尊者亦有主義焉，方主人舉觶留賓，豈得舍介而之大夫乎？注非，當以敖說為正。」褚寅亮管見對照鄉射禮之餘，也說：「大夫雖尊，不得越介而舉觶，鄉射無介，故及大夫。」敖維公等人的說法，頗有道理，故並錄於此，以俟後日考辨。

逆降洗，升實觶，皆立于西階上，賓介皆拜。

鄭注：「於席末拜。」

句讀：「逆降者，二人先後之序，與升時相反。」

本義：「逆降謂先升者後降，猶昏禮言已者逆退也。」

案：鄉射禮：「皆立于西階上，北面，東上」，可與本段參照，由此亦可推知二人升堂後的面向部位。

「賓介皆拜」，是說賓拜於席的西端，面向南；介拜於席的南端，面向東。

皆進，薦西奠之，賓辭，坐取觶以興；介則薦南奠之，介坐取以興。退，皆拜送，降。賓介奠于其所。

鄭注：「賓言取，介言受，尊卑異文（一作詞）。今文曰賓受。」

句讀：「疏曰『言皆進者，一人之賓所，奠觶于薦西；一人之介所，奠觶于薦南』，按、此二人所舉之觶，待升坐後，賓介各舉以酬，爲無筭爵者，卽此二觶。」

案：記云：「將舉於右」，於賓奠于薦西，於介奠于薦南，卽皆奠于其薦右，便其舉也。「升坐」後，賓介各舉以酬，爲無筭爵者，卽此二觶（見句讀）。

二人降時，亦一先一後，降堂後復阼階下西面之位。

第二節　徹　俎

司正升自西階，取命于主人。主人曰：請坐于賓。賓辭以俎。

鄭注：「至此，盛禮俱成，酒清肴乾，賓主百拜，強有力猶倦焉。……請坐者，將以賓燕也。俎者，肴之貴者；辭之者，不敢以禮殺當貴者。」

集說：「坐，謂坐而飲也。」又：「俎，肴之貴者，燕坐則禮殺矣，當俎而燕坐，是褻之也。」

司正於是又反命于主人。」

句讀：「前此皆立行禮，至此乃請坐燕。」

少儀：「飲酒者，有折俎不坐。」

案：司正原在觶南之位，此時復升自西階，由楹北至阼階上，北面。主人阼階上西面命之曰：「請賓坐而飲。」司正乃至西階上北面請坐于賓。賓辭以俎後，司正又反命于主人。

主人請徹俎，賓許。

鄭注：「亦司正傳請告之。」

案：主人順賓意以安賓也。

司正降，階前命弟子俟徹俎。

鄭注：「西階前也。弟子，賓之少者。俎者，主人之吏設之，使弟子俟徹者，明徹俎，賓之義。」

案：司正降自西階，南面而命弟子。所命弟子多人，觀下文可知。（參見鄉射禮）

司正升，立于序端。

鄭注：「待事。」

案：立于西序端，東面。

賓降席，北面。主人降席，阼階上北面。介降席，西階上北面。遵者降席，席東南面。

鄭注：「皆立，相須徹俎也。遵者，謂此鄉之人。仕至大夫者也，今來助主人樂賓，主人所榮而遵法者也，因以爲名，或有無、來不來，用時事耳。今文遵爲僎，或爲全。」

賈疏：「遵不北面者，以其尊，故席東南面，向主人。」

案：若有諸公，則大夫席在主人席北，西面，降席時，張惠言儀禮圖注以為「或當席北，面東。」

賓介遵主人皆近其席而立。

賓取俎，還授司正，司正以降，賓從之。主人取俎，還授弟子，弟子以降，自西階，主人降自阼階。介取俎，還授弟子，弟子以降，介從之。若有諸公大夫，則使人受俎，如賓禮，衆賓皆降。

記：「徹俎，賓介遵者之俎，受者以降，遂出授從者，主人之俎，以東。」

鄭注：「取俎者，皆鄉其席。既授弟子，皆降復初入之位。」

集說：「（賓）北面取俎，還，南面授司正，必言還者，明就而受之。司正受賓俎者，賓尊，宜異之。」又：「人亦謂弟子，鄉射禮曰：大夫取俎，還授弟子是也。」又：「賓降立于西階西，主人降立于阼階東，介于賓南，大夫在介南，衆賓又在大夫南，少退。」

釋例：「凡無算爵，必先徹俎，降階。」

案：賓北面向席取俎，轉身南面以授司正；主人東面取俎西面以授弟子；介西面向席取俎，轉身東面以授弟子。若有公時，公北面取俎南面以授弟子，大夫東面取俎西面以授司正；若無公時，大夫則北面取俎南面以授弟子。蓋皆「向席取俎，轉身以授人也。」

賓介遵者之俎，受者降自西階，出庠門授與賓介遵者之從者。主人之俎則適東壁奠之，由此可知受主人之俎者，當爲主黨之弟子，不應爲賓黨弟子。

主人由阼階降，立于阼階東，賓介遵者則由西階降，立于西階西，介在賓南，遵者在介南，衆賓在遵者南，少退。

第三節　坐　燕

說屨，揖讓如初，升，坐。

鄭注：「說屨者，爲安燕當坐也。必說於下者，屨賤，不空居堂。說屨，主人先左，賓先右。」

集說：「說屨者，各於其階側，北面。」又：「（揖讓如初）謂主人與賓一揖一讓也，賓則厭介，介則厭大夫，大夫厭衆賓，亦以次而升。」

曲禮：「侍坐于長者，屨不上于堂，解屨不當階，就屨跪而舉之，屏于側，鄉長者而屨，跪而遷屨，俯而納屨。」

少儀：「堂上無跣，燕則有之。」

鄉飲射禮：「主人以賓揖讓……升，坐」注：「說屨則摳衣，爲其被地。」疏：「尊卑在室，則尊者屨在戶內，其餘說屨於戶外。尊卑在堂，則亦尊者一人說屨在堂，其餘說堂下，是以燕禮、大射，臣皆說屨階下，公不見說屨之文，明公舄在堂，此鄉射酒，賓主人行敵禮，故皆說屨堂下也。」

案：「揖讓如初，升」的儀節，請參見「一人舉觶」。揖讓時，主人西面，賓東面。

乃羞。

鄭注：「羞，進也。所進者，狗胾醢也。鄉設骨體，所以致敬也；今進羞，所以盡愛也；敬之愛之，所以厚賢也。」

李如圭集釋：「胾，切肉也。薦羞不踰牲，此牲狗，則羞者狗胾也，醢則雜餘牲兼作之。」

無算爵。

鄭注：「筭，數也。賓主燕飲，爵行無數，醉而止也。鄉射禮曰『使二人舉觶于賓與大夫』，又曰『執觶者洗升實觶，反奠於賓與大夫』皆是。」

賈疏：「引鄉射禮者，證此無筭爵，從首至末，更從上至下，唯醉乃止。」

集說：「無算爵者，行其奠觶，終而復始，無定數也。此異於鄉射者，舉觶及反奠者不於大夫而於介耳。其賓觶亦以之主人，介觶則以之大夫，其餘皆可以類推之也。」

集釋：「曏二人所舉觶者，至此二觶並行，交錯以酬，辯旅在下者，主人之贊者亦與焉，復實二觶反奠之，其爵無筭。」

楊復：「……鄉射有賓無介，鄉飲酒有賓有介，當實賓之觶以之主人，實大夫之觶以之介，及其交錯而行也，當實主人之觶以之衆賓長，實介之觶以之次大夫，又實衆賓長之觶以之第三位次大夫，賓次大夫之觶以之第二位次賓長，如此交錯以辯。卒受者興，以旅在下者於西階上，及其辯也，執觶者洗、升實觶，反奠於賓與大夫，所以復奠之者，燕以飲酒爲歡，醉乃止，此所以爲無筭爵也。」（據正義引）

案：狗胾醢進薦後，司正在觶南之位，東面命「二人」升立于西階上，北面，東上。賓介因前「二人舉觶」時已導飲，故坐着取薦右之觶喝光，不拜。二人各進於賓介之席前受觶，至尊所酌酒。實賓觶以之主人，實介觶以之大夫（此從集說，若從鄭注——見「二人舉觶」一節，則其儀節與楊復說同），交錯以酬，堂上旅畢，則旅堂下者，皆於西階上行禮，主人之賓者亦與旅焉（見記）。參閱施隆民君鄉射禮無算爵部份。

無算樂。

鄭注：「燕樂亦無數，或間或合，盡歡而止也。」

集說：「爵行則奏樂，爵止則樂闋，故爵無算而樂亦無算也。」

案：或用間歌，或用合樂，是說奏樂不一定依照獻酬之節；主賓盡歡，爵止而後樂始止。

附圖十二　二人舉觶

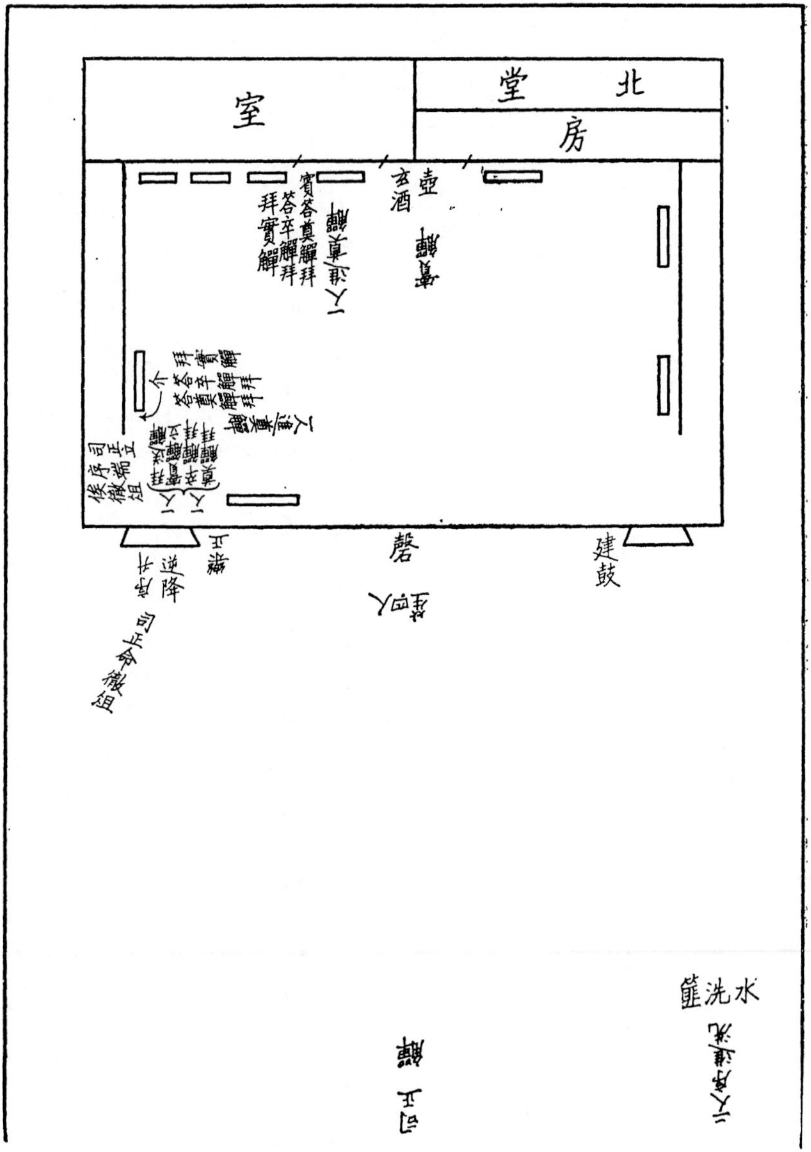

第六章　飲後之儀

第一節　賓出

賓出，奏陔。

鄭注：「陔，陔之言戒也。終日燕飲，酒罷，以陔爲節，明無失禮也。周禮鍾師以鍾鼓奏九夏，是奏陔夏，則有鍾鼓矣。鍾鼓者，天子諸侯備用之，大夫士，鼓而已，蓋建於阼階之西，南鼓。鄉射禮曰『賓興，樂正命奏陔，賓降及階，陔作，賓出，衆賓皆出。』」

集說：「賓主人以下，亦當屨而出，經文略也。」

記：「樂正命奏陔，賓出，至于階，陔作。」

案：燕飲既畢，賓告歸，降堂至西階時，樂正此時於堂下西階東北面之位，命擊鼓者，奏陔夏。

賓降堂時，介及衆賓從之，大夫則不然，參見鄉射禮記：「大夫後出，主人送于門外，再拜。」

注：「下鄉人，不干其賓主之禮。拜送大夫，尊之也。主人送賓送，入門揖，大夫乃出，拜送之。」

主人送于門外，再拜。

鄭注：「門東、西面拜也。賓介不答拜，禮有終也。」

第二節　拜賜拜辱

明日，賓服鄉服以拜賜。

鄭注：「拜賜，謝恩惠。鄉服，昨日與鄉大夫飲酒之朝服也，不言朝服，未服以朝也。今文曰賓服、鄉服。」

集說：「拜謝其飲己之賜也，介不拜賜者，禮主於賓也。」

句讀：「此下至篇末，言鄉飲明日，拜謝勞息諸事。」

案：賓拜賜于西門外，主人不見。所以不見者，示謙，不敢受其拜也。

主人如賓服以拜辱。

鄭注：「拜賓復自屈辱也。鄉射禮曰『賓朝服以拜賜于門外，主人不見，如賓服，遂從之，拜辱於門外，乃退。』」

句讀：「引鄉射禮者，明此亦彼此賓主皆不相見，造門外拜謝而已。」

案：主人亦服朝服，拜謝于門外，賓亦不見。

第三節　息司正

主人釋服。

鄭注：「釋朝服，更服玄端也。古文釋作舍。」

釋例：「凡鄉飲鄉射之禮，息司正，皆用玄端。」

乃息司正。

鄭注：「息，勞也，勞賜昨日贊執事者，獨云司正，司正，庭長也。」

案：觀鄭注可知，所息勞者，非止司正一人，昨日贊執事者皆與焉。息司正諸儀節請參閱施隆民君鄉射禮部份。

無介。

鄭注：「勞禮略也，司正爲賓。」

案：既以司正爲賓，則其席位當在戶牖之間。

不殺。

鄭注：「市買，若因所有可也，不殺則無俎。」

集說：「無介，不殺，皆貶於飲酒。」

薦脯醢。

鄭注：「羞同也。」

羞唯所有。

鄭注：「在有何物。」

正義：「羞字承上言之，謂薦脯醢所用之羞，視見在所有何物，則用之。飲酒正禮用狗胾，此不殺，則無狗胾，故唯所有。」

徵唯所欲。

鄭注：「徵，召也。」

賈疏：「昨日正行飲酒，不得喚親友，故今食禮之餘，則召知友，故言徵唯所欲也。」

以告于先生君子可也。

鄭注：「告，請也。先生不以筋力爲禮，於是可以來；君子、國中有盛德者。可者，召不召唯所欲。」

管見：「注云：徵，召也；告，請也。召之與請，不但見尊卑之等差，且見召者必欲其來也，而請者，聽其自主，蓋既殺於正禮，則不敢必以屈先生君子也。」

賓介不與。

鄭注：「禮瀆則褻。古文與爲預。」

集說：「不敢以輕禮浼昨日之尊。」

案：此指昨日飲酒禮中之賓介。

鄉樂唯欲。

鄭注：「鄉樂，周南召南六篇之中，唯所欲作，不從次也。不歌鹿鳴、魚麗者，辟國君也。」

集說：「惟欲者，唯其所欲，則使工歌之，不如昨日之有節次也。……鄉射禮云『一人舉觶，遂無筭爵』，然則，工入之節，其在無算爵之時乎？」

中華社會科學叢書

鄉射禮節簡釋　鄉飲酒禮儀節簡釋

（儀禮復原研究叢刊）

作　　者／施隆民、吳宏一　著
主　　編／劉郁君
美術編輯／鍾　玟

出 版 者／中華書局
發 行 人／張敏君
副總經理／陳又齊
行銷經理／王新君
地　　址／11494 臺北市內湖區舊宗路二段181巷8號5樓
客服專線／02-8797-8396　　傳　　真／02-8797-8909
網　　址／www.chunghwabook.com.tw
匯款帳號／兆豐國際商業銀行　東內湖分行
　　　　　067-09-036932　中華書局股份有限公司

法律顧問／安侯法律事務所
製版印刷／維中科技有限公司　海瑞印刷品有限公司
出版日期／2017年3月三版
版本備註／據1985年9月二版復刻重製
定　　價／NTD 360

國家圖書館出版品預行編目（CIP）資料

鄉射禮儀節簡釋 ; 鄉飲酒禮儀節簡釋 / 施隆民,
吳宏一著. -- 三版. -- 臺北市 :
中華書局, 2017.03
面 ; 公分. -- (中華社會科學叢書) (儀禮
復原研究叢刊)
ISBN 978-986-94064-7-5(平裝)
1.儀禮 2.注釋
531.1　　105022782

NO.F2003
ISBN 978-986-94064-7-5（平裝）